U0015532

薩迦修心道歌

吉祥賢居士 譯注

傑尊札巴嘉稱 原著

後藏日喀則 薩迦哦巴母寺大殿壁畫——薩迦五祖

(2)	(1)	(3)
(4)		(5)

(1)薩迦初祖 薩千・貢嘎寧播　(2)薩迦二祖 傑尊・索南孜摩

(3)薩迦三祖 傑尊・札巴嘉稱　(4)薩迦四祖 薩迦班智達・貢嘎嘉稱

(5)薩迦五祖 八思巴・羅卓嘉稱

吉祥賢居士攝於 2006/08/15

西藏薩迦大寺 南寺圓滿宮靈塔殿供奉約一層樓高──
薩迦初祖 薩千・貢嘎寧播鎏金造像

吉祥賢居士攝於 2006/08/13

西藏薩迦大寺 北寺建築群 之部分復原建築

畫面左方山麓為復建後的薩迦五祖靈塔（外塔）群，右方山麓為部分復原後的夏巴拉帳（東宮），下方平原偏左方為當時興建中的薩迦道果佛學院。

吉祥賢居士攝於 2006/08/13

西藏薩迦大寺 北寺建築群部分復原後的夏巴拉帳（東宮）

中央紅殿內為著名的「薩千修證泉洞」，即往昔文殊菩薩親自向薩千・貢嘎寧播宣說《離四貪戀》根本頌偈之聖地。

吉祥賢居士攝於 2006/08/13

西藏薩迦大寺 南寺拉康千莫大殿供奉——

薩迦三祖 傑尊・札巴嘉稱 顯聖泥塑像

吉祥賢居士攝於 2006/08/13

西藏薩迦大寺 南寺拉康千莫大殿供奉——
薩迦三祖 傑尊・札巴嘉稱 顯聖泥塑像

相傳曾有一當地藏族信眾，因身患重病而於此聖像前虔心祈請，祖師隨即攝受其病苦，故此 傑尊・札巴嘉稱聖像因而盛名遠播。此後前來祈求驅除病苦之信眾即絡繹不絕，又相傳此聖像因過於吸納眾生之病苦，故可見其面容偶或自然顯現不定之浮腫變形。照片中現見於聖像右眼斜下方的顴骨處。

吉祥賢居士攝於 2006/08/13

薩迦三祖 傑尊・札巴嘉稱（西藏，15世紀，紅銅鎏金，H：11 cm ）

藏文銘文：ༀ་རྗེ་བཙུན་གྲགས་པ་རྒྱལ་མཚན་ལ་ན་མོ།། （轉寫：/ rje brtsun grags pa rgyal mtshan la na mo// ）

譯音：傑尊・札巴嘉稱拉拿摩（譯意：禮敬 至尊・稱譽勝幢！）

圖片提供：北京保利國際拍賣有限公司

薩迦三祖 傑尊・札巴嘉稱（後藏，明代，鎏金造像）

藏文銘文：ༀ༔ རྗེ་བཙུན་གྲགས་པ་རྒྱལ་མཚན་གྱི་ཞབས་ཀྱི་པདྨོ་ལ། བདག་རྡོ་རྗེ་ཚེ་དབང་འཁོར་བཅས་ཕྱག་འཚལ་ཞིང་སྐྱབས་སུ་མཆིའོ།། དགེ་བ་འདི་ཡིས་ཕ་མས་གཙོ་བྱས་སེམས་ཅན་ཐམས་ཅད་མྱུར་དུ་སངས་རྒྱས་ཐོབ་བར་བྱིན་གྱིས་བརླབ་དུ་གསོལ།། མངྒ་ལཾ།། （轉寫：/ rje btsun grgs pa rgyal mtshan gyi zhabs kyi padmo la/ bdag rdo rje tshe dbang 'khor bcas phyag 'tshal zhing skyabs su mchi'o// dge ba 'di yis pha mas gtso byas sems can thams cad myur du sangs rgyas thob bar byin gyis brlab du gsol// manga-lam//）

譯意：傑尊・札巴嘉稱之蓮足下，吾——多傑策旺（金剛壽王）偕眷敬頂禮且皈依啊！以此淨善，祈願加持以父母為主之一切眾生，迅速獲得正等覺之佛果！「芒嘎浪」（吉祥）！

圖片提供：李海玲女士；文物收藏：夏明先生

《道果》傳承祖師造像系列——薩迦三祖 傑尊‧札巴嘉稱
（西藏，16世紀，銅鎏金 ，H：11.5 cm ）

圖片提供：北京保利國際拍賣有限公司

《道果》傳承祖師造像系列──薩迦四祖 薩迦班智達・貢嘎嘉稱
（後藏，16世紀，銅鎏金，H：14.2 cm）

藏文銘文：ས་སྐྱ་པཎ་ཆེན（轉寫：sa skya paN chen）
譯音：薩迦班千（譯意：薩迦大班千智達）

圖片提供：北京 保利國際拍賣有限公司

薩迦四祖 薩迦班智達・貢嘎嘉稱造像

（西藏，14世紀，銅合金銀鑲嵌及礦物顏料，H：22 .2 cm）

著錄：《一相三昧》The Sacred Art of Tibet，台北 平養居

照片提供：平養居林金春先生

西藏薩迦大寺 北寺建築群——薩迦五祖 靈塔（外塔）群

藏傳佛教祖師的紀念塔或舍利塔，大致分內外二種。外塔為祖師圓寂後，以荼毗祖師聖體的火化爐，於撿拾保藏舍利、靈骨後，就地將此磚爐直接加上塔尖後，即成為祖師之紀念外塔。以其磚石之內必含藏有祖師遺骨的成分，極為殊勝，故廣受珍視與供奉。

而將祖師之舍利、靈骨、聖物等，入藏於金、銀、銅等貴金屬所造之舍利塔中，並加以莊嚴，供奉於殿堂之內，即稱作內塔。

(4)	(2)	(1)
(3)		
	(5)	

(1)薩迦初祖 薩千・貢嘎寧播靈塔　(2)薩迦二祖 傑尊・索南孜摩靈塔
(3)薩迦三祖 傑尊・札巴嘉稱靈塔　(4)薩迦四祖 薩迦班智達・貢嘎嘉稱靈塔
(5)薩迦五祖 八思巴 ・羅卓嘉稱靈塔

圖片攝影、提供：Judy

薩迦三祖 傑尊 ・札巴嘉稱靈塔（外塔）

藏文題記：ༀ༎རྗེ་བཙུན་གྲཊ་པ་རྒྱལ་མཚན༎（轉寫：//rje brtsun graT pa rgyal mtshan//）

譯音：傑尊・札巴嘉稱（譯意：至尊・稱譽勝幢）

吉祥賢居士攝於 2006/08/13

薩迦三祖 傑尊‧札巴嘉稱靈塔特寫

塔瓶中央門內恭奉 傑尊‧札巴嘉稱祖師之莊嚴造像

吉祥賢居士攝於 2006/08/13

ༀ་ སྐྱབས་མཆོག་རྡོར་གདན་ཞེན་ཀྱུ་ཕྲིང་མཁན་ཆེན་རྡོ་རྗེ་འཆང་ཆེན་པོ།
薩迦哦支派第七十五任座主——夏千・祿頂堪千仁波切（b.1931－）

ཀླུ་བས་མཆོག་ཁྲ་རིགས་དཔལ་སྒྲོ་རྡོ་རྗེ་འཆང་།

薩迦哦支派第六世 塔立巴祿仁波切（1923 －1998 ）

二位根本上師：祿頂堪千仁波切、塔立巴祿仁波切

ༀ། སྐྱབས་མཆོག་རྡོར་གྱུ་ཕྱིང་གཏན་ཆེན་རིན་པོ་ཆེ།

薩迦哦支派第七十六任座主——祿頂堪千仁波切（b.1967－）

頂戴薩迦哦巴創派宗師（哦巴首任座主）——哦千・貢嘎桑播之法帽；雙手結作夏巴
宮帳上溯四任前祖師（哦巴第三十六任座主）——夏千・米局嘉稱（ཤར་ཆེན་མི་འགྱུར་རྒྱལ་
མཚན། 1717－？）之手印

His Eminence

Ngor E-Wam
Sharchen Ludingpa

Ngor E-Wam Centre,
P.O. Manduwala
Via Premnagar.
Dehra Dun U.A. (India)
Ph : 0135-2694934, 2694813

ད་ལམ་ཐལ་ཞེ་ཁར་གཡས་པ་ལགས་ཀྱིས་དཀའ་བ་དང་ལེན་གྱིས། སྟོན་ཕྱིན་སྐྱེས་ཆེན་དམ་པ་རྣམས་

ཀྱིས་མདོ་རྒྱུད་ཀྱི་རྒྱ་མཚོ་ཆེན་པོའི་བཅུད་ཕྱུང་བའི་གདམས་ངག་རིན་པོ་ཆེ་ཞིན་པ་བཞི་བྲལ་གྱིས་

གཙོས་པའི་གསུང་ཆོན་དུ་མ་ཞིག་རྒྱ་ཡིག་ཏུ་འཁབ་བསྒྱུར་མཛད་པར་སྟིང་ནས་རྗེས་སུ་ཡི་རངས་དང་

འབྲེལ། གདམས་དག་གི་ཚོགས་ཕྱོགས་སུ་བསྟེབས་པའི་དགེ་དེབ་འདིས། དོན་གཉེར་ཅན་རྣམས་ལ་

སྐོར་བ་ལ་བདུད་རྩིའི་བཅུད་བ་བཞིན་དུ། འདི་ཕྱི་གནས་སྐབས་ཀུན་ཏུ་སྐྱེན་པར་ཤེས་པ་དང་། འདི་

ལྱར་བགྱིས་པའི་རྣམ་དཀར་གྱི་དགེ་བ་རྣབས་པོ་ཆེས་འགྲོ་བ་མ་ལུས་པ་ཡང་དག་པའི་ལམ་དུ་འཇུག་

པའི་སྟོ་དུ་འགྱུར་བའི་སྟོན་འདུན་བཅས། དེར་ཀླུ་ལྱིང་མཁན་པོས་སིང་ག་པུར་རྒྱལ་ཁབ་ནས། སྤྱི་

ལོ་ ༢༠༡༥ གནས་མོ་གསར་པའི་ཟླ་ ༡ ཚེས་ ༣ དགེ་བར།

薩迦哦巴第七十六任座主 祿頂堪千仁波切為
【吉祥賢譯注書系】賜總序文

現今台灣葉君（葉靈毅），堅忍耐勞，擷取諸最上先賢上士等聖賢之經續[1]大海精粹，嚴選珍寶教誡《離四貪戀》為首之諸多佛經部類將之迻譯為漢文，對此深感隨喜。在此能將各方教誡之章品匯集成冊，付梓成書，於諸希求者猶如乾渴者嘗飲甘露，此後於分際[2]中必定能普盡受益。對此所做宏大妙淨善之善業，希願能轉無餘眾生入真實正道之門。哦・祿頂堪布於新加坡國，西元 2019 年，新年歲首 1 月 3 日，善哉！

---

1 經續：顯宗之經典與密宗之密續的總稱。

2 分際：又稱分位，於究竟解脫成佛之前的暫時修行時際或位階。

目錄

譯注者序

　　本書主要內容，為對藏文原典文本——《傑尊・札巴嘉稱造：離四貪戀》釋論，進行藏漢對譯及注釋、考證，並對相關版本、哲學思想、修道次第等做進一步比較與論述。

一、薩迦三祖——傑尊・札巴嘉稱所造的修心道歌

　　公元十二世紀初，由　薩迦初祖——薩千・貢嘎寧播（1092－1158）所傳下的《離四貪戀》修心法要，內容雖僅有一頌（四句），但實已包含了佛教顯密三乘[3]的一切精要，並含攝了全部的成佛之道，為藏傳佛教薩迦派的主要哲學思想之一。後經　薩迦三祖——傑尊・札巴嘉稱（1147－1216）加以注釋後，成為了史上第一篇對《離四貪戀》修心法要加以注解的釋論文本。此後歷代薩迦派的祖師大德們，例如：薩迦四祖——薩迦班智達、薩迦哦巴支派創派宗師——哦千・貢嘎桑播、薩迦派著名論師——果讓巴・索南興給、第一世宗薩欽哲仁波切——蔣揚欽哲旺播等，皆對此《離四貪戀》原頌著述了許多注釋文本，於篇幅、輕重、闡述觀點等角度上，深淺有別，廣略不一。

　　在各種藏文注釋文本中，當數　薩迦三祖所造的一篇釋論——《傑尊・札巴嘉稱造：離四貪戀》最為獨特。傳統上，各種釋論文本的呈現大致分學術及道歌二種類型。學術性的釋論，多採逐字解釋、論述，風格較為嚴謹；而道歌體裁的釋論，行文自然舒暢，多以抒發、直指人心為特點。由於此原典文本為以藏傳佛教中所謂「口訣」的實修覺受經驗角度來著寫，

3　顯密三乘：此處的「三乘」，依據薩迦五祖——八思巴法王的主張為小乘（聲聞乘）、大乘（菩薩乘）、金剛乘（密乘）。此三乘的判別亦為多數藏傳佛教宗派所主張。

故此釋論即異於其他多數以學術體例作逐字雕琢注解的論述，而是採作者親身體驗的實修覺受與口耳相承的訣竅精華，並以「道情」的宗教寓言方式創作出易於傳唱、歌頌式的道歌詞句。因而此釋論在行文中，能自然流露出實修的明確道路與究竟證悟的核心思想及要義，內容極為切中要點，且結構完整，次第分明，故此釋論文本即為後世薩迦派諸上師為弟子宣講《離四貪戀》修心法要時所常選用的講解底本。

二、我們不需要心靈雞湯式的經典詮釋

關於本書的呈現風格，為以漢語語境作譯注。由　薩迦三祖——傑尊・札巴嘉稱所造的《傑尊・札巴嘉稱造：離四貪戀》釋論，其原典風格雖為道歌形式，諷刺的是，本書卻以逐文、逐句、逐字譯解的學術考據方式，對其做稍嚴謹的注解與剖析。於一般通俗的概念中，現代對於解讀經典的作品大致可分兩種類型呈現：一為平鋪直述、抒情寫意、賦詩作文性質的通俗形式；另一則為引述考據、斟酌字句、費心雕琢的學術性形式。前者或許較易於閱讀欣賞，初看似言之有物，但久之則或感覺其信息量稍顯不足；後者初閱時倍覺艱澀難懂，但因言而有據且多方考證，故能愈陳愈香。二種呈現的形式各有所長；而本書的呈現方式，顯然屬於後者。舉音樂的例子來說，經典樂曲在不同指揮家或音樂製作人手中，肯定有千萬種不同風格的呈現，古典、流行、爵士、搖滾……繽紛多樣；從電影的角度上來講，各原著小說或經典電影，經過不同導演的翻拍、重拍或重新剪輯（SECOND RECUT），勢必能呈現各種不同的精采風貌，環肥燕瘦，各顯風韻。然而何以本書須採用嚴謹的學術風格呈現？

近十餘年來或許受地區性市場經濟景氣的影響，各出版社在出版競爭、市場萎縮，以及閱讀人口驟減、閱讀習慣改變、閱讀來源電子化等交乘效應下，迫於種種壓力，只能揀選出版最適宜實體書市場銷售的「理想」商品——紓壓性文學作品。因為現今多數的閱讀人口已經不再像數十

年前一樣從書架上的書本裡吸收知識，而是從網路、手機等電子媒體上，經由快速的粗略翻閱、比對、搜尋等吸收海量的知識；所以現在的閱讀人口，在繁忙緊張的工作壓力之餘，從書架上取下書籍來閱讀的目的，早已從純知識的獲取，逐漸轉變為紓解壓力的慰藉。

正如同現今電子計算機及各種數位軟體程式的運算技術、速度及效能，早已超越並取代了人工計算，所以數學（Mathematics）這門往昔被視為深奧且高尚的學科至今被戲稱做「藝術」。又如現今的天文學家、航海家們已不再需要熟背天上繁複的星圖了，因為任何智能手機上都可下載各種如羅盤般精準的即時星圖APP；美術、設計師、建築師們的製圖已不再需要耗時耗力地徒手計算和繪製，因為有許多方便、快速、精確的數位軟體可使用；堪輿家、命理學家、星座占算家們也不需要再費盡心力為複雜的星盤做人工演算了，因為有太多的電子網站或APP可代為即時推算與編排各種方位羅盤、星盤及命盤。所以「如何快速的取得信息結果」已變成現今人們在知識運用上的最大目的，多數人們並不關切（亦不在乎）知識在基礎功夫與建構方法上的厚實紮根。

另一方面礙於諸多現實因素，現今大多數人在知識、技能的養成態度上，事實上在過程中僅求速成、過關，在目的上僅求一時的表現或炫耀。如同異於將厚實的樁馬功底做基礎並以實用攻防為目的的「傳統武術」訓練，那些在訓練上、表現上、競賽規則上、評分上、目的上，早已被體操化、表演化甚至戲劇化的現代「競技武術」，僅以外觀能擺出誇張架式、動作能在賽場上獲得高分為最大目的[4]。不能否認，競技武術在70、80年代於中國大陸地區的競賽熱潮推動了廣大群眾的練習與愛好，這在全民運動的角度上是好事，但在目的、實用性與文化傳承上早已扭曲變形（武術

---

[4] 此處為從其目的性上做批評，並非全然否定競技武術的價值。競技武術的部分現代訓練方法、客觀分析等方面，確實值得傳統武術借鑑與學習；但在終極的目的上，其全盤體操化的訓練、表現方式等，已讓所謂武術徹底淪為表演化的體操訓練與技術，因而喪失了攻防的實用功能與價值。

教習的最大目的若只是為了表演，武術精神若只淪為口號，還算是武術？），其結果導致了人們對競技武術虛有其表花架子的崇尚追逐，以致其樁馬如何虛偽離譜、拳腳在實戰場上有多麼弱不禁風[5]，則麻木而毫不在乎，亦或是以「精神勝利」的方式自我催眠。加上少數練習者、傳授者將部分武術超自然化（例如部分太極拳、氣功等），以及高度的自信、無限的自我放大、故弄玄虛等態度，以及競技武術熱潮退卻之後仍隱匿殘餘在武術競賽運動中的餘毒（訓練、表現、評判標準）等諸多因素，無怪乎近世一旦提及所謂的「武術」，則動輒被誤解、看輕、瞧不起，甚至不屑一顧。如此一竿子拖累所有數代人辛苦累積「傳統武術」的精神與價值，情何以堪？

　　以上這些問題的根本，匯集至近世部分人們對傳統技藝的學習態度，即在於急功好利、速成貪快、依樣畫葫蘆的複製（copy）心態，以及虛應故事、敷衍應急、借花獻佛的轉貼（paste）取巧。多數人已不願意花大把時間、精力去紮馬步、下功夫；更甚者，就連提倡規劃、傳播教育者恐怕也是這種心態，如此即便等到底層群眾稍加覺醒，有心想學真功夫時，恐怕再也學不到。因為文化若已歷數十年或數代人的斷層，就不是幾天的功夫所能彌補。

　　除去快速取用現有知識之後的再生利用價值不談；以上所述，因為快速取用的動作僅為重複性的「複製與剪貼」（copy and paste），所以在此動作的過程中，實則毫無創造發明可言（甚且腦中更無任何創造的靈性可言）。例如隨處可在科技網路影片、視頻上對某些傳統文化與技藝，僅做少量簡單速成的、片段式的觀覽與學習。倘若人人皆以取用或轉貼傳遞現成知識為樂，而不願費心研究知識、貢獻研究成果，則離人類文化與文

---

5 此處並非一味主張學習武術以以擂台格鬥或交手逞兇鬥狠為目的，在此批評的是完全刪除了攻防含意等技藝精髓的教授與學習內容。傳統武術的持藝精神是備而不用，是講求會、能，而不是張揚、較量或充面子比輸贏，與學打架不同。公園廣場，男女老幼，單純以練拳運動健身，隨人歡喜，是健康快樂的事，亦不必相互爭鬥、比武較量。

明的末日不遠矣！例如一本數十年的陳舊英漢辭典，它或許可由平面紙本的形式進化而成數位化的電子閱讀工具，肯定能分享給更多的需求者；但其根本的內容，若數十年、甚至百年不變，沒有人去費心勘誤、更新、校正，或順應時事作適當的補充、增刪，則再廣闊的分享平台，所分享的內容也不過是錯誤或過時的信息；例如《牛津高級英英/英漢雙解辭典》[6]第187頁，chalice辭條的圖示（最右），為將一西藏酥油燈座誤認為酒杯或聖餐杯。

如此因為閱讀者、求知者不願耗費精力務實紮根、深入探究，所以但求紓解壓力的所謂舒壓式「心靈雞湯」即應運而生。人們視此心靈雞湯為救世甘霖一段時間後，又因投機者在此察覺有利可圖，於複製與剪貼的故技下，勸世雞湯被大量複製，再以沿街叫賣、滿大街、爛大街的形式大幅擴散，如此則必良莠不齊，且氾濫成災。例如各宗教中的偽大師、偽善者，一手複製剪貼現成的片段性知識以充做自己貌似高深的涵養，另一手再以雞湯式的開導風格，口若懸河地灌輸給其忠誠的弟子信眾（諷刺的是這些不知戒律為何、無任何戒律操守的偽大師，反以所謂戒律約束其徒眾們）。此等雞湯終究淪為口號式的勵志小品或刻板教條式的生活公約，因而導致劣品橫陳，充斥於各媒體平台，以而現今一旦提及所謂雞湯，皆極盡遭致嫌惡或唾棄。

流行有退潮之時，經典永不塵封。歷史是循環的，所以我們並不需要雞湯式的經典解讀（尤其是解讀佛經），面對人類偉大的知識與技能，我們必須徹底改變態度，並嚴肅、尊重而深化地去認真了解與研究。聖賢所造的經典，自有其殊勝之處，只需忠實呈現，不需畫蛇添足。如同食材鮮美，只求原味，毋須加以過度調味；反觀陳腐食材，才需施以厚重的香料遮掩其腥臭。

---

6 《牛津高級 英英/英漢 雙解辭典》，台北：台灣東華書局股份有限公司，中華民國七十七年三月版，第187頁的附圖為原英文文獻所附，雖有誤，但責任上非此雙解辭典主編與編輯之過。

關於本書的書名，主要取材自薩迦三祖　傑尊・札巴嘉稱以道歌形式的文學體裁來對修心法要《離四貪戀》的根本頌偈加以闡釋，故而起名《薩迦修心道歌》。所以並非　傑尊・札巴嘉稱創作了供人傳唱的道歌，而後世只要將其內容當作歌詞彈唱，就能期望在某一瞬間如「頓悟」般悟道。我們尚需依照此道歌所開示的寶貴內容，循序漸進，以次第性的方式拾級而修。沒有循序漸進的對於佛教正法的持戒與聞、思、修，是不可能有任何證悟的，就像終日無所事事、無所做為，卻妄想著有朝一日能瞬間升任某頂尖科技公司的最高執行長一般；術業皆有專攻，非一蹴可就，切勿盲入神蹟迷信等歧途。

而真正的頓悟也並非全然無所做為，藏傳佛教舊譯密乘的大圓滿，雖於其法理中對所謂頓悟自有其主張與見解，但錯解者往往在證悟前的修證地道分際階段誤將「無為」與「毫無做為」畫上等號，錯認為什麼學問都不需學習、什麼法都不要修、什麼漸進次第都不對、什麼努力都不用付出、什麼事都不做……就能輕鬆瀟灑地自然頓悟，這在基礎階段是極為錯誤的謬解與毒藥，是害人害己的妄念與無明，就像誤導孩子們不要去上學接受教育一般偏激。若真是如此不需任何做為、不要道次第就能悟道，何以在修持舊譯密乘的大圓滿之前，還尚須再加修與藏傳佛教新譯密乘各宗派所共同認可之共通四加行與不共四加行？足見「適時而修」的漸進次第，是必須且至關重要的。

若對此薩迦派極為重要的修心法要《離四貪戀》有興趣，但卻沒什麼耐性仔細閱讀本書的讀者，可以直接跳到下文導言的——附錄：《傑尊・札巴嘉稱造：離四貪戀》修心次第表，或直接念誦本書第七章的各藏漢對譯實修頌偈或祈請文。當然，多一分認識，多一分覺受。耐心學習、認識了解、沉澱分析（聞、思）得愈多，在實修（修）的當下即愈發有覺受，此與終日應付式地僅唸唸日修儀軌（俗稱法本）相較，實乃天差地別。

常聽聞許多藏傳佛教的愛好或狂熱者抱怨，他們認為經年從上師處領

受灌頂、聽聞講經等，數量已不可勝數，但卻實修無果、無任何相應或覺受。聞而不思不修，既修而卻不思，其病根即在於此；三慧不可偏廢，何況尚需同時兼顧戒、定、慧等三學（བསླབ་པ་གསུམ། bslab pa gsum/）。此處不需再多所贅言。

三、本書對《傑尊・札巴嘉稱造：離四貪戀》釋論的呈現

於思想體系的分析上，本書所依據的主要釋論文本《傑尊・札巴嘉稱造：離四貪戀》，其內容實包含了小乘佛教（聲聞乘、緣覺乘）的共通教義，例如：三學、三慧、止觀等。並且含攝了大乘佛教（菩薩乘）的不共哲學思想，例如：菩提心、中道、唯識、中觀及空性見。再加深入，更有藏傳佛教密乘（金剛乘）之不共教義，例如：「止觀雙運」、「明空雙運」，以及薩迦派之主要哲學思想「輪涅無別」見。

故於本釋論中，可說普盡含攝了佛教主要的共通與不共教義，以及依序鋪陳了由顯入密之修心法要；於各法要中，並以縱橫交錯的方式貫串呈現，實為明確、精妙的修道次第。

另外關於本書中，對於藏文原文的「轉寫」，有別於「拼音」。在文字學的轉音方法上，本文對於藏文原文的轉寫方法，主要是依據美國特瑞爾・威利[7] 所制定的威利轉寫（Wylie transliteration）方案、EWTS、USLC等轉寫系統，並稍做適度修改。轉寫（transliteration）方法，為語言學上一種進行術語工作時對不同字元的轉換（conversion），由於轉換字元尚分有轉寫與譯音等兩類，故在此特別指對字元轉寫的方法。在轉換過程中，對於一種拼音文字系統的字元來說（例如藏文字），由於需要依據一個固定的字元對照表（例如各種轉寫方案系統），使用完全精準、對應、順逆皆

7　特瑞爾・威利：又譯「特瑞爾・維爾・『特裡』・威利」（Turrell Verl 「Terry」 Wylie, 1927—1984），於1959年制定威利轉寫（Wylie transliteration）方案。

可[8]的雙向方式，將其轉換成另一個拼音文字系統的字元，故轉寫不同於僅講求拼讀功能的譯音（transcription）或標音等單向的語音轉寫工作。

例如藏文འཕགས་པ།（聖者）一辭，轉寫為：'phags pa/，但譯音可將之拚作：phag pa；又如藏文ཟླ་བ།（月亮）一辭，轉寫作：zla ba/，譯音則遵循其正確讀音而拚作：da wa。故轉寫與拼音截然不同，前者可以對藏漢文兩種不同的文字進行雙向、精準的互換，但其功能並非對藏文提供發音精確的拼讀；而後者在功能性上，僅能提供較為音近的羅馬拼音，以利閱讀者拼讀藏文，但無法就譯音的拼音文字逆向還原回藏文，是為單向的轉換功能。

關於薩迦派歷代諸上師、大德們為《離四貪戀》修心法要所造的注釋文本，據筆者統計，現今傳世可見之釋論文本約有九種，各釋論的篇幅長短不同，廣略互見。歷代薩迦派諸上師為弟子宣講《離四貪戀》修心法要時，可視請法弟子根器或宣講時間長短而擇取適當篇幅之釋論。一般可分簡單開示之講稿、一至三日之講解底本、五至七日之講本、一週至二週之講義等釋論文本。其中較著名者，如：薩迦三祖　札巴嘉稱所造的《傑尊・札巴嘉稱所造：離四貪戀之教誡》釋論，較適合為期一至三日之講解底本；哦寺第六任座主　果窩剌降巴・索南興給[9]　所造的《修心離四貪戀之講義・甚深要義之鑰》[10]，則常被傳法上師們選擇作為一週左右的講授底本。

近代及當代的薩迦派諸位上師，每當向信眾開示關於《離四貪戀》修心法要時，多常引用《傑尊・札巴嘉稱所造：離四貪戀之教誡》釋論的內

8　順逆皆可：指兼具順向的「轉寫」（transliteration）與逆向的「逆轉寫」（re-transliteration）等雙向的轉寫功能。

9　果窩剌降巴・索南興給：གོ་བོ་རབ་འབྱམས་པ་བསོད་ནམས་སེང་གེ（轉寫：go bo rab 'byams pa bsod nams seng ge，果窩大博士・福澤獅子，1429－1489）。

10　《修心離四貪戀之講義・甚深要義之鑰》：ཨོཾ། །བློ་སྦྱོང་ཞེན་པ་བཞི་བྲལ་གྱི་ཁྲིད་ཡིག་ཟབ་དོན་གནད་ཀྱི་ལྡེའུ་མིག་ཅེས་བྱ་བ་བཞུགས་སོ། །（/ /blo sbyong zhen pa bzhi bral gyi khrid yig zab don gnad kyi lde'u mig ces bya ba bzhugs so/ /）。

容，以其篇幅適中、內容生動、切中要點、直指人心等特色，故常被用來作為宣講的底本。本書即以此篇薩迦三祖　札巴嘉稱所造的重要釋論，作為翻譯、注釋的主要文本。而本書的「第五章《傑尊・札巴嘉稱造：離四貪戀》教誡之譯注」，為本書最主要的核心部分。

藏傳佛教首重師承，對於薩迦派的《離四貪戀》修心法要，自西元90年代初期開始，筆者除了主要從哦巴母寺第七十五任座主　夏千・祿頂堪千仁波切（b.1931－）、第六世　塔立巴祿仁波切（1923－1998）等二位偉大的根本上師處領受此法，並多次從當代最上怙主——第四十一任薩迦法王薩迦企千多傑羌、第四十二任薩迦法王　薩迦企錦仁波切等二位度母宮的薩迦貢瑪仁波切跟前，以及尊貴的薩迦法王胞姊　傑尊辜秀仁波切、已故　堪千・阿貝仁波切（1927－2010）、第三世　宗薩欽哲仁波切等諸多上師、堪布仁波切跟前，領受此極重要的薩迦派修心法要開示；期間並另外多次任職開示此法要時之藏漢語口譯工作。

對於《傑尊・札巴嘉稱造：離四貪戀》釋論以及關於《離四貪戀》修心法要的緣起識語等文本核心部分的藏漢對譯、注釋等，早先已於西元2016年3月20日，即藏曆第十七繞炯之火陽猴年（歲次丙申）二月十二日全文譯竟。恭譯此主要正文圓滿之日，恰值逢　薩迦三祖——傑尊・札巴嘉稱圓寂八百周年紀念日，倍感殊勝！

後來對此篇譯注文稿，再從宗教哲學的學術研究角度加以增添、擴充成為十一萬餘字的學術論文：藏文本《傑尊・札巴堅贊造：離四貪戀》釋論之譯注與簡論。由於學術論文的研究態度必須在某種程度上秉持理性而客觀超然的立場，與感性、虔敬的純粹佛教分享論典文學在行文及立場上截然不同。故為了呈現較適合華人漢語佛教信眾的閱讀程度，本書即再從學術論文中刪除了與該釋論或佛教哲學無直接相關的部分文字內容，並修

改了部分藏漢對譯上的所謂人名習慣用字[11]，以及於行文上盡力修改成適合藏傳佛教華人信眾閱讀的闡述方式。

關於音譯用字問題，一直以來是個眾說紛紜並毫無統一性可言的老問題。亦有認為應當遵守現行大陸對西藏人名、地名的「標準用字」或習慣用字。對此主張，筆者認為除了地名為地方行政的固定用字，應當嚴格遵循之外，關於藏族人名，經過多方的觀察比較，發現事實上並未有所謂「標準用字」，皆是各文獻作者自行使用其慣用譯名用字而已。例如現今於大陸諸多相關著作中，對於藏語人名中的ཀུན་དགའ།（轉寫：kun dga'/），有音譯作「貢嘎」、「貢噶」、「棍嘎」、「貢葛」、「更嘎」等等；又於ཕྲིན་ལས།（phrin las/）一辭，有音譯作「聽列」、「陳烈」、「成來」等，如此未有定則之例，不勝枚舉，此皆起因於各作者所操持的不同藏語口音所致。由此足以證明，藏族人名的音譯用字，普遍上根本無所謂「標準」用字或「統一」用字可遵守。

再於「習慣用字」的角度上，有認為必須遵循所謂多數人的習慣用字。此問題則又如同前述「標準用字」問題一般，既是「習慣」，則更為主觀，亦無所謂多數可言。一如前述的各文獻、論文的作者，不過各自使用其「習慣」用字而已，沒有定則。如此在定義上即產生了問題：何者才是真正多數人的習慣用字？標準用字？可見此西藏人名的音譯用字問題，並無真正客觀、統一的標準可循。

又如咒語啟始的 ༀ om 字，一般音譯作「嗡」字；但卻有持各種觀點而強烈主張必須音譯作「唵」字者。蓋因無法同時滿足所有不同意見的要求，故筆者在此，謹試以做到於本書中的人名譯音的用字統一，以及務求個人所有著作中的用字統一。個人能力有限，無法向外做到號召統一音譯的標準用字，僅能向內嚴以律己。盡量做到於自我著作中的音譯用字統

11　藏漢對譯上的人名習慣用字：例如諸祖師名字，藏文གྲགས་པ་རྒྱལ་མཚན།（轉寫：grags pa rgyal mtshan/），於上述論文中漢譯作：「札巴堅贊」，本書中皆改作：「札巴嘉稱」。

一，亦不失為一種對讀者負責的態度。

　　於前述文本譯注的主要章節（本書第五章）之後，並再加增補了：「第六章 薩迦祖師所造修心教誡極短篇」以及「第七章 藏漢對譯實修儀軌」等重新整理與新譯的補述篇章，以成本書《薩迦修心道歌》。故本書的閱讀對象，應較適合對藏傳佛教有一定認知、興趣，或對正信佛教具足清淨信心的讀者。

　　薩迦派已故的大恩根本上師、五明大學者、掘藏祖師 —— 第六世 塔立巴祿仁波切，為筆者的啟蒙、授業恩師，追憶往昔於其跟前承侍、受法時，其親身所示「行有餘力，必勤助人」的懿行德風，兼備六度萬行，真為菩薩乘願在世。先師一生所示：財施、慈施、無畏施、法施等四種佈施，廣澤眾生。如：極嫻熟於藏醫藥《醫學四續》（又譯《四部醫典》）而現醫王相，為無數藏地百姓惠施診療、占算；1996年青海玉樹地方大雪成災，對災區進行賑災、濟貧、扶弱、弘法；對薩迦派不共伏藏《善逝秘密總集威猛蓮師》（俗稱九面十八臂忿怒蓮師）密續的搶救、保存、增補、弘傳，制定其經懺的儀式、唱腔；講經、辯論、著述等三德；對各種顯密經論之注疏、保存、弘傳；以及對藏傳各宗派密續之傳續、教育、弘揚等。身為微末侍從的筆者，仰望恩師項背，如經典所載，不過有如乞丐與國王攀比。今謹遵先師懿德，願於藏漢原典之譯注上，略獻棉薄之力，故在此抱持戒慎之心，謹向諸位法友（同修持佛法之親友）、道侶（佛法修持道路上的助伴）們，以及有興趣認識藏傳佛教修心次第之讀者，敬獻、分享拙著《薩迦修心道歌》。

在世間不過孱弱如螻蟻蜉蝣般的
侍從弟子吉祥賢（ཞབས་ཕྱི་བཀྲ་ཤིས་དཔལ་ལྡན་བཟང་པོ།）居士

〔導言〕薩迦派的修心法要、簡明的修道次第

　　公元前六世紀以來，由佛教教主　本師釋迦牟尼佛所弘傳的正信佛法，法門至深至廣，為因應眾生不同根器而「因材施教」，分「三乘」[12]而宣說不同法教，故由佛所弘傳的法門數量，即有號稱「八萬四千法」之概數[13]；再加上後世善知識等歷代佛教大德的釋論與論述，故而有現今存世的《大藏經》，即包含記載佛語的《甘珠爾》（བཀའ་འགྱུར bka' 'gyur，又譯：《佛說部》）與其注疏或補述的《丹珠爾》（བསྟན་འགྱུར bstan 'gyur，又譯：《注疏部》）等共約三百多冊之規模。故僅由此藏文本《大藏經》的規模，即知藏傳佛教原典至今尚未被直譯成漢文或其他語文的比例，更何況諸如《薩迦全集》、《宗喀巴文集》等尚未收錄於大藏經中之藏傳佛教歷代祖師文集或密續總集等浩瀚如海之藏文原典。如此，若欲對這些藏文原典再加以注釋、解讀、詮釋，則更顯艱巨。本書主要內容，即以翻譯並注釋薩迦派修心法要《離四貪戀》的一篇釋論為主。

　　《離四貪戀》（ཞེན་པ་བཞི་བྲལ zhen pa bzhi bral/），內容即：「若貪戀此生 非行者，貪戀輪迴 無出離心，貪戀己利 失菩提心，耽著生起 非正見。」（藏漢文對譯之實修念誦儀軌，請參閱本書第七章）；又譯《遠離四種執著》[14]：「若執著此生則非修行者，若執著世間則無出離心，執著己

---

12 中華電子佛典協會（cbeta）〔法華部類〕〔法華部〕，《大正新修大藏經》第九冊，No. 0262《妙法蓮華經》卷一，〈方便品〉第二：「……舍利弗。如此皆為得一佛乘一切種智故。舍利弗。十方世界中尚無二乘。何況有三。舍利弗。諸佛出於五濁惡世。所謂劫濁。煩惱濁。眾生濁。見濁。命濁。如是舍利弗。劫濁亂時。眾生垢重。慳貪嫉妒。成就諸不善根故。諸佛以方便力。於一佛乘。分別說三。……」

13 由於佛所傳法門的數量為無量無數，故所謂「八萬四千法」的概數，於佛教中並非指佛所傳各種法門的總數，而是指一個人或修行者所能聽聞的佛教法門概略數目。

14 《遠離四種執著》：孫一居士 英譯，台北，1986年。

目的不具菩提心，當執著生起正見已喪失。」

　　由藏傳佛教薩迦派初祖——薩千‧貢嘎寧播首先傳出的修心法要《離四貪戀》，原頌雖僅有四句（一偈），但其內容卻已包含了佛教顯密三乘的一切精要，並融攝了全部的成佛之道。噶當派的「三士道」思想、格魯派宗喀巴大師所造的《三主要道》思想，以及舊譯密乘寧瑪派較晚近出現的《普賢上師言教》等藏傳佛教他派極重要的思想內容，亦含攝其內。故於薩迦教派思想史中被視為主要根本思想之一，與「輪涅無別」、《道果》法要等重要的哲學思想齊名。

　　此後歷代薩迦派的祖師大德皆對此《離四貪戀》原頌著述了許多注釋本，於篇幅、闡述等角度上，深淺有別，廣略不一。

　　而於《離四貪戀》修心法要根本頌偈的各種藏文注釋或注疏等解釋文本中，以隨後的薩迦三祖——傑尊‧札巴嘉稱（1147－1216）所造的釋論：《傑尊‧札巴嘉稱造：離四貪戀》（ ༈ ॥རྗེ་བཙུན་གྲགས་པ་རྒྱལ་མཚན་གྱིས་མཛད་པའི་ཞེན་པ་བཞི་བྲལ་བཞུགས་སོ། //rje btsun grags pa rgyal mtshan gyis mdzad pa'i zhen pa bzhi bral bzhugs so/ ）最為獨特。由於此文本是以藏傳佛教中所謂「口訣」或「要訣」（མན་ངག man ngag)的實修經驗角度著寫，異於其他多數以學術體例逐字雕琢注解的論述，而是採作者親身體驗的實證經驗與口耳相承的訣竅精華，以「道情」（ཉམས་གླུ། nyams glu/ ）的宗教寓言方式創作出一種唱頌式的歌詞，自然流露出實修之明道，與究竟證悟的過程中最精闢的中心思想及要義，內容極為切中要點，且結構完整，次第分明，故由　薩迦三祖——傑尊‧札巴嘉稱所造的釋論文本，即常做為後世薩迦派諸上師為弟子宣講《離四貪戀》修心法要時所選用的底本。此《傑尊‧札巴嘉稱造：離四貪戀》釋論，不僅在薩迦教派史上的主要思想上占有極為重要的地位，在弘傳與推廣薩迦派思想的實用意義上，已由歷代薩迦派的祖師大德們所證明。

一、薩迦派的修心法要

修心《離四貪戀》為藏傳佛教薩迦派的重要哲學思想之一，屬新譯派密乘中，薩迦派獨有之傳承而不與他派共通的「不共」修心法要。《離四貪戀》包含了佛教顯密三乘[15]的修行次第，並含攝了佛教主要的哲學思想。

最初由　薩迦初祖——薩千・貢嘎寧播祖師所傳下的文殊智慧法門：修心法要《離四貪戀》根本頌偈，經由　薩迦三祖——傑尊・札巴嘉稱加以注釋、潤澤補充後，《離四貪戀》頌偈即擴充成為了一部《傑尊・札巴嘉稱造：離四貪戀》釋論。此釋論文本，即成為史上第一部為《離四貪戀》修心法要做注解的解釋文本。

在此之前，《離四貪戀》修心法要的表現方式僅有一頌，亦即四個句子，其內雖包含攝受了佛教顯密三乘（在此指小乘、大乘及金剛乘）的一切精華要義，並融合攝持了全部的成佛之道，雖含攝了極為深廣的佛教教義，但其中所蘊含的廣大哲學思想深義，亦非所有群眾都能具足相當智慧以圓滿解讀。故為了能幫助更多的信眾領略此中奧妙玄義，增長此法門的普及率，札巴嘉稱祖師立於傳統薩迦派哲學思想的基礎上，並承其父兄之志，首開注解《離四貪戀》修心法要之先例。

在詮釋方法上，於《離四貪戀》修心法要的各種藏文注釋本中，當數薩迦三祖——傑尊・札巴嘉稱所造的《傑尊・札巴嘉稱造：離四貪戀》釋論最為獨特，由於此文本是以藏傳佛教中所謂「口訣」或「要訣」（ མན་ངག man ngag ）[16]的實修經驗角度著寫，非同於其他多數以學術體例的論述，於內容上逐字雕琢注解或於文辭上嚴格講求韻律規範。在藏傳佛教對各種哲學思想的詮釋方式中，最為獨特的方式之一即為「口訣」，由於口訣式的頌偈或詩歌有：簡易、濃縮、擇要、精煉、富含讀誦之韻律、饒富趣

---

15 三乘：在此依據薩迦五祖 八思巴法王所制定之：聲聞乘（小乘）、菩薩乘（大乘顯宗）、金剛乘（大乘密宗）等三乘為主。

16 口訣，梵語：優婆提舍（ འུབ་དེག upadesha/ ），或譯：教授、訣竅、秘訣、要門等。

味，以及便於隨時背誦記憶、易於傳頌等特色及優點，故此釋論文本可說以造論者的親自實修經驗為內在哲學思想之「體」，並以生動活潑之口訣特色為外在形式之「用」，故能詮釋出一部膾炙人口、簡潔易讀的釋論。

二、四共加行——四種共通的預備前行

加行（ སྔོན་འགྲོ། sngon 'gro/，英：foundation），又譯前行，指正式事物之前的準備，例如藏傳佛教修持「正行」之前所必須加修的預備「前行」。

四加行（ སྔོན་འགྲོ་བཞི། sngon 'gro bzhi/，英：four foundations），即為了修持正行之前的四種預備前行，又分共通（ ཐུན་མོང་། thun mong/，英：common）與不共（ ཐུན་མོང་མ་ཡིན་པ། thun mong ma ying pa/，英：uncommon）。共通之四加行（四共加行），又稱作一般前行或外前行；不共之四加行（四不共加行），又稱作不共前行或內前行。傳統上，藏傳佛教各宗派中極為著重的四種基礎前行：皈依（或有主張皈依加發心）、金剛薩埵百字明、獻曼達、上師相應法等所謂「四加行」，正確來說此為不共之四加行。

現今多數藏傳佛教的金剛乘初學者或許能著重於不共四加行的修持，但亦常忽略了修持此不共四加行之前，尚有必須認知、觀修的重要前行——共通之四加行（四共加行）。藏傳佛教主要四大宗派中，無論新舊譯密法的宗派，對此共通之四加行皆有其傳承，唯各宗派祖師在立論主張的順序上稍有不同，但內容大致相同。

舊譯密乘的寧瑪派傳承中，吉美林巴（ འཇིགས་མེད་གླིང་པ། 'jigs med gling pa/，無畏洲者，1729－1798）祖師所發掘《龍欽心髓》伏藏中的《龍欽心髓前行》釋論[17]及其所造《功德寶藏・歡喜雨》等釋論中皆主張，四共加行之順序為思維：珍貴人身（暇滿人身難得）、無常（死亡無常）、業（因

---

17 《龍欽心髓前行》釋論：藏文ཀློང་ཆེན་སྙིང་ཐིག་སྔོན་འགྲོ། （klong chen snying thig sngon 'gro/）。

果業力）、輪迴過患（輪迴是苦）。而於 匝・巴楚仁波切（རྫ་དཔལ་སྤྲུལ་རིན་པོ་ཆེ། rdza dpal sprul rin po che/，又譯：巴珠仁波切，1808－1887）所造《普賢上師言教》中則主張思維：暇滿難得、死亡無常、輪迴過患、因果律。

而屬新譯密乘的薩迦派、噶舉派、格魯派等傳承中，對於四共加行順序之主張亦稍有差異。薩迦派傳承的共通四加行順序，依據 薩迦三祖所造《傑尊・札巴嘉稱造：離四貪戀》釋論所主張，分別為觀修：暇滿人身難得、生命死亡無常、輪迴過患、業果從捨（善惡因果的取捨）。而依據 果窩刺降巴・索南興給（༄ གོ་བོ་རབ་འབྱམས་པ་བསོད་ནམས་སེང་གེ། go bo rab 'byams pa bsod nams seng ge，果窩博士・福澤獅子，1429－1489）所造《修心離四貪戀之講義・甚深要義之鑰》[18]釋論，順序為觀修：暇滿人身難得、死亡無常、業因果（如何取捨善惡因果）、輪迴過患。再依據 哦千・貢秋倫祝（༄ ངོར་ཆེན་དཀོན་མཆོག་ལྷུན་གྲུབ། ngor chen dkon mchog lhun grub/，大哦巴・三寶運成，1497－1557）所造《道果》前行《三現分》釋論[19]，順序為觀修：輪迴過患、暇滿人身難得、死亡無常、業因果（如何取捨善惡因果）。

同屬新譯密乘的噶舉派中，塔布噶舉派宗師 岡波巴（སྒམ་པོ་བ། sgam po ba/，1079－1153）大師所造《解脫莊嚴寶論》中所主張之四共加行，於觀修「願心向法」內容中，依序為：人身難得、死亡無常、因果業報、輪迴過患，此四共加行源自噶當派的「轉心四思維」。而於第一世 蔣貢康楚羅卓踏耶（འཇམ་མགོན་ཁོང་སྤྲུལ་བློ་གྲོས་མཐའ་ཡས། 'jam mgong khong sprul blo gros mtha' yas/，又譯：工珠仁波切，1813－1899）祖師所造《了義炬》中主張：人身難得、苦空無常、因果業力、六道輪迴。

---

18 《修心離四貪戀之講義・甚深要義之鑰》：藏文༄༅། །བློ་སྦྱོང་ཞེན་པ་བཞི་བྲལ་གྱི་ཁྲིད་ཡིག་ཟབ་དོན་གནད་ཀྱི་ལྡེའུ་མིག་ཅེས་བྱ་བ་བཞུགས་སོ། །（/ /blo sbyong zhen pa bzhi bral gyi khrid yig zab don gnad kyi lde'u mig ces bya ba bzhugs so/ /）。

19 《道果》前行《三現分》釋論：《道之前行講義三現分・華美莊嚴》（༄༅། ། ༄༅། །ལམ་གྱི་སྔོན་འགྲོའི་ཁྲིད་ཡིག་སྣང་གསུམ་མཛེས་པར་བྱེད་པའི་རྒྱན་ཞེས་བྱ་བ་བཞུགས། ། / /lam gyi sngon 'gro'i khrid yig snang gsum mdzes par byed pa'i rgyan zhes bya ba bzhugs/ /）。

再於新譯密乘的格魯派，宗喀巴（ཙོང་ཁ་པ། tsong kha pa/，1357－1419）大師所造《菩提道次第略論》及《菩提道次第廣論》等釋論的道前基礎——「共下士道」次第修心的內容中，共通之四加行依序為思維：念死無常、三惡趣苦、皈依三寶、深信業果。

0.1 藏傳佛教主要宗派所主張之共通四加行順序比較表

宗派＼順序	造論者 論典	四共加行（共通四加行）順序			
寧瑪派	吉美林巴 《龍欽心髓前行》、 《功德寶藏·歡喜雨》	珍貴人身 （暇滿人身難得）	無常（死亡無常）	業（因果業力）	輪迴過患（輪迴是苦）
	巴楚仁波切 《普賢上師言教》	暇滿難得	死亡無常	輪迴過患	因果律
薩迦派	薩迦三祖 《傑尊·札巴嘉稱造： 離四貪戀》	暇滿人身難得	生命死亡無常	輪迴過患	業果從捨（善惡因果的取捨）
	果讓巴·索南興給 《修心離四貪戀之講義· 甚深要義之鑰》	暇滿人身難得	死亡無常	業因果（如何取捨善惡因果）	輪迴過患
	哦千·貢秋倫祝 《道果》前行《三現分》	輪迴過患	暇滿人身難得	死亡無常	業因果（如何取捨善惡因果）
噶舉派	岡波巴大師 《解脫莊嚴寶論》	人身難得	死亡無常	因果業報	輪迴過患
	第一世 蔣貢康楚羅卓踏耶 《了義炬》	人身難得	苦空無常	因果業力	六道輪迴
格魯派	宗喀巴大師 《菩提道次第略論》、 《菩提道次第廣論》	念死無常	三惡趣苦	皈依三寶	深信業果

修持各宗派傳承法門之信眾，可依各自傳承所主張之順序觀修此共通之四加行。本書內容主要依據薩迦派《傑尊・札巴嘉稱造：離四貪戀》釋論所主張之觀修次第：1.暇滿人身難得、2.生命死亡無常、3.輪迴過患、4.業果從捨（善惡因果的取捨）。

三、《離四貪戀》之禪修次第

非常多的藏傳佛教正信上師、堪布都曾開示：「修心」，即不斷地內化，讓自己的心變得柔順、軟化，而非任其向外恣意地漸形強悍、好鬥；亦有主張「修心」即不斷地讓自己的內心逐漸趨向菩提心。第三世　宗薩欽哲仁波切曾開示：修心法的核心，實為持有正念、觀修出離心（厭離心）以及了知輪迴過患。故調伏自心的修心法要極為重要，堪為一切法要的前行（或可稱之為前行的前行），但卻常被許多金剛乘的修行者所忽略。

隨著藏傳佛教各宗派上師的弘傳，全球各地，尤其在港台、星馬等東南亞華人地區極為盛行。或許為往昔積聚善因緣所得之福澤，自西元90年代初期至今，已有無數的藏傳佛教信眾領受藏傳各主要宗派上師的授法。其中對於一些藏傳佛教信眾而言，有初入門之初學者，亦或有受法十餘年、二十餘年不等的所謂資深「金剛師兄」，仍如無根浮萍般隨處飄流於各宗派、各上師、各大小灌頂、講經法會中，此舉在表面上似乎有其冠冕堂皇的正當理由，但若經仔細檢視，實質上卻如同一位長年重考、轉學、換科系、轉專業的大學生，多年來耗費精力與時間僅不斷地尋覓、準備，卻從未正式踏上深耕、精研的實修正道，此即墮入「萬般皆好、都適合我」的常見之邊。多年來，亦時有所聞「修XX本尊沒感覺」、「修財神沒用」……等等抱怨，此等怨言如同主張「女子防身術沒用」的妄言。如此除了真為所托非人（傳授者為假冒偽劣）因而學錯功夫之外，可曾反思其中最大的問題是否在於：學習前，自己的心態及動機不純，輕忽而不重視；學習時，是否在散漫、嬉鬧中度過，而從未嚴肅認真地看待，並精確

地學習、掌握？學習後，不珍惜、不複習、不嫻熟。在此筆者的本意當然並非高唱或鼓吹女子防身術如何無敵，且試問世間的任何學問或功夫，禁得起如此糟蹋？更遑論珍貴的密法。如是上師的證量再高、所授的密法再珍貴，若受法弟子學習到手之後隨手棄置，或僅有三分鐘熱度，轉頭仍是依然故我，再大、再多的法寶有何作用？任何所謂大事的起因，都源自許多細微、基本的小事。把基礎功夫當作小事，看輕了，注定失敗。

其次的問題在於高度自滿：認為已聽聞很多遍了，所聞皆老生常談、了無新意（例如慈悲心、發菩提心等），故任何珍貴的法門入於耳後自動變成陳腐酸臭的陳腔老調，難入於心；或是自視甚高，能輕易的理解，然後輕易的棄置，從未認真地恆常實修。如是再另覓他法，然後再度重蹈覆轍，不斷循環。正如同「不讀書的嘲諷讀書的不讀書」，口若懸河，卻錯漏百出而不自知，此即未能正視自我的不足；亦如同冷眼看著日日紮馬步的初學新手，反倒自我夢想著明天就會成為（或者自認為當下就是）武林高手，實則卻從未伸過一拳一腿。如是輕看基礎功夫，僅能在高度自滿中，招搖過市，終究卻一事無成。

於佛教的修持上，除了上述的掉舉與貢高我慢，此等心態問題的根本關鍵，就是在聞（聽聞、受法）、思（思維、消化整理、排除疑慮）、修（實修、檢驗、洗鍊）等三慧的學習態度上，僅聞而不思、不修；或僅聞、思，而不修。若為三慧兼具，但卻一無所成，則是受學、修持此法的動機或目的不正確。例如：為了榮華富貴而修持財神法、為了追求心儀對象而修持懷攝法等密法。如此心態動機，起步時就已誤入歧途，談何成就？

世俗有道：「態度決定勝負。」修持佛法，無論三乘中的聲聞乘、菩薩乘，乃至金剛乘，佛陀所傳聖教的最核心處在於大乘菩薩的菩提心；而最為基礎的根基，則在於聞法、受法、修法時最正確的動機與目的。此正確的動機、清淨地正念，即為歷代具德上師、大德們不斷循循善誘之修心

法要，因為修心能正對治五毒熾燃的非正念，能對治焦躁如脫韁野馬的未加調伏之心，故藏傳佛教各宗派傳承中皆非常重視修心法要。

再者，許多佛教信眾雖長年從上師處領受諸多法門，或許有心如法實修，但卻不易認識、掌握修道次地的明確道路。故在此藉薩迦傳承中的修心《離四貪戀》所示之要義，以及《傑尊・札巴嘉稱造：離四貪戀》釋論中所開演的清晰次第，以助行者能明確地掌握修心次第的脈絡。

修心《離四貪戀》的禪修次第，主要概分：前行、正行、結行等三部分。於第一部分「前行」，主要為皈依、發心。第二部分「正行」，為主要的核心內容，分別闡釋《離四貪戀》根本四句頌偈的各處觀修要義。最後部分為圓滿發願迴向之「結行」。

閱讀本書「第五章《傑尊・札巴嘉稱造：離四貪戀》教誡之譯注」之後，可再延伸閱讀本書「第六章　薩迦祖師所造修心教誡極短篇」內的三篇訣竅，以融會貫通。

於充分理解各釋論文義之後，若欲實修《離四貪戀》修心法要，可參閱本書「第七章　藏漢對譯實修儀軌」，並依照其中三篇實修儀軌，依序作誦念及觀修。由於這些精要的實修儀軌在篇幅上不算過長，故於日常誦唸熟稔之後，若能背誦，則亦能隨處於日常生活的碎片時間中，隨意輕鬆地藉背誦訣竅而作觀修。日日修心，望有所助益。

最初、前行：

（一）皈依——於本釋論稽首之「祈請文」處，即指引向上師、本尊，以及包含佛、法、僧等三寶行皈依。

（二）發心——緊接著於本釋論之「發願與造論目的」處，引導發起正確的聞法、受法、修法的動機與目的。

主體、正行：

本釋論的正行部分，即分別理解《離四貪戀》根本四句頌偈中的各項細微深入且次第分明的觀修。

第一句【若貪戀此生 非行者】

直接敘述：真實與非真實的差別。即包含了持戒、聞思、禪修等清淨三慧。此「三慧」中，又各分真實與非真實等二種差別，故合計有六種認知。

間接敘述：觀修暇滿難得、死亡無常。即包含上述「四共加行」中的前二項觀修：1. 觀修暇滿人身難得、2. 觀修生命死亡無常。

第二句【貪戀輪迴 無出離心】

《離四貪戀》根本頌偈的第二句，即包含「四共加行」中的後二項觀修：3. 觀修輪迴過患、4. 觀修業果從捨。

直接敘述：觀修輪迴過患。包含：苦苦、壞苦、行苦等「三苦」的觀修。

間接敘述：業果從捨，即對於善惡因果的正視與如何做正確的取捨。

第三句【貪戀己利 失菩提心】

《離四貪戀》根本頌偈的第三句，包含了因、果等二種觀修，其內容屬世俗菩提心。

間接敘述：觀修慈悲。即「因」的觀修，可分為：觀修慈心、觀修悲心等二種觀修方法。觀修慈心可對治傷害他人之心，而觀修悲心可對治瞋恨心。

直接敘述：自他交換。即「果」的觀修，此「自他交換」的觀修法能

對治我執。

第四句【耽著生起　非正見】

《離四貪戀》根本頌偈的第四句，包含了止、觀，以及明空雙運等較高層次的觀修，其內容屬勝義菩提心。

間接敘述：觀修「寂止」（止）。依序包含三個次第：1.離二邊之中道、2.唯識之共道次第、3.大乘中觀不共道。

直接敘述：觀修「勝觀」（觀）。依序包含三個次第：1.《道果》空性見地、2.明空雙運、3.輪涅無別。其中，第1個觀修次第——《道果》空性見地，又稱「了悟實相的四個相續次第」，分四個禪修次第：(1)成境唯心、(2)成心為幻、(3)成幻無自性、(4)無自性不可言詮。

末尾、結行：

圓滿發願迴向。

四、從佛教哲學思想中的「二諦」分析《離四貪戀》修心法要

於20世紀70年代中葉之後逐漸發展崛起的英國愛丁堡「科學知識社會學」（Sociology of Scientific Knowledge，簡稱SSK）思想學派中，廣受推崇的大衛·布魯爾（David Bloor, 1942－）在其著作於1976年的具有部分爭議性的名著《知識和社會意象》[20]一書中所主張的「強綱領」（strong programme），乃為具有相對主義傾向並強調社會維度的決定作用，正如同此書中文譯本的譯者前言所歸結：任何一種人類的「認識過程」（因）及其

20　[英]大衛·布魯爾 著：《知識和社會意象》（Knowledge and Social Imagery），艾彥 譯，東方出版社，2001年12月。

「結果」（果）都具有「相對性」[21]。但與英格蘭經驗主義者喬治・貝克萊（George Berkeley 1685－1753）主教的名言「存在就是被感知」（There is perceived.）相較，二者間作為認識主體的個體顯然不同。於貝克萊所主張的存在取決於被感知，認為所謂的「存在」乃取決於作為認識主體的個體所進行的感知。

在西方「相對主義、絕對主義」等二元對立與佛教「世俗諦、勝義諦」等二諦的比較上，首先在西方的科學哲學中，布魯爾並不否認知識社會學中的強綱領，為建立在某種的相對主義之上。如上述《知識和社會意象》中文譯本的第八章[22]中所敘述：「從科學的角度來看，同一種態度既針對道德、又針對認識，既是可能的、也是令人嚮往的。相對主義只不過是絕對主義的對立面，因而確實是更加可取的。至少就它的某些形式而言，我們可以根據我們的社會經驗令人放心地堅持它。」由此可知，在其所主張的知識社會學中，相對主義（relativism）與絕對主義（absolutism）二者為二元對立的。

然而在東方佛教哲學思想中的世俗諦與勝義諦等「二諦」（藏語：བདེན་གཉིས། bden gnyis/），不僅非絕對的二元對立，反而在表象的對立中，有著內在深層的漸遞變化的關聯性。此同時存在又不相互矛盾，不一、不異的特性，正與量子力學中的量子態所詮釋粒子存在、被感知的現象與狀態相互吻合。在此先以相對主義的「相對」（relative）與世俗諦的「世俗」一辭作類比；並以絕對主義的「絕對」（absolute）與勝義諦的「勝義」一辭作類比。

佛教中的有部、經部、唯識、中觀等各派，對於二諦的詮釋不盡相同。若依據中觀宗，於 聖者・龍樹菩薩（藏語：འཕགས་པ་ཀླུ་སྒྲུབ། 'phags pa klu

---

21 同前注，譯者前言（強綱領，相對主義與知識成因的社會定位——簡評大衛・布魯爾的《知識和社會意象》），第12頁。

22 《知識和社會意象》中文譯本的第八章：[結論：哪裡是我們的立身之地？]，第252頁。

sgrub/，梵語：Nāgārjuna）所造的《中論》、《十二門論》、《大智度論》，以及提婆菩薩（藏語：འཕགས་པ་ལྷ/ 'phags pa lha/，梵語：Aryadeva，又譯聖天）的《百論》等論中皆主張「一切法不離二諦」，其中所謂「一切法」的「法」，並非指佛所說佛法的「法」（佛經或知識），而為泛指宇宙間的萬有與狀態（規範）。

　　佛教中的「萬法」這一概念，泛指數量無量無邊的宇宙間之森羅萬象，又稱「諸法」或「一切法」，簡稱「法」。法，梵語དྷརྨ（dharma/），漢語音譯「達磨」，定義為「能維持其自體者」。古印度世親論師（藏語：དབྱིག་གཉེན། dbyig gnyen/，梵語：Vasubandhu，又譯天親）所著之《注疏明論》中主張達磨一詞有十種含義；十義通約為三種意義：規範（ལུགས། lugs/）、佛經（གསུང་རབ། gung rab/）、知識（ཤེས་བྱ། shes bya/）。此處的法，指第一意義的總概一切事物之規範；所以萬法，即萬有、萬事、萬物之意。此「法」（達磨）的本義為「軌持」，「軌」為軌生物解，「持」為任持自性。任持自性，指任載攝持自家一定的特性；宇宙間所有萬事萬物，無論大小、有形無形、真偽、事理等，無不各自任載攝持一定特性，此特性常不改變，例如三維空間的引力、電磁力、強核力、弱核力等四種自然力，或宇宙中宏觀的恆星與微觀原子之構成與運行。軌生物解，指能作為軌範，令他者生起理解之智；以宇宙間所有萬事萬物皆具有任載攝持自家一定特性之故，能作為軌範，令他者生起某事某物的理解，例如知識的形成與認識。故法界諸法，即泛指宇宙萬有。

　　於宇宙萬有的有無的認識論上，在古今的辭意對比中，世俗諦（藏語：ཀུན་རྫོབ་བདེན་པ། kun rdzob bden pa/），又稱俗諦，簡稱世俗（英譯「相對」relative）；勝義諦（藏語：དོན་དམ་བདེན་པ། don dam bden pa/），又稱真諦、第一義諦，簡稱勝義（英譯「絕對」absolute）。依據龍樹、提婆等論師的中觀宗所主張，二諦為「俗有真空」，亦即世俗諦有、勝義諦空。例如對於宇宙萬有的存在或不存在？有或無？等認識論的問題上，若依世俗

諦，則認為「諸法皆有」，甚至承認有我法的心境；若依勝義諦，則主張「諸法皆空」。　又對於眾生的有無問題上，《大智度論》〈三十八〉載：「佛法中有二諦，一者世諦，二者第一義諦。為世諦故，說有眾生；為第一義諦故，說眾生無所有。」故知包含一切有情眾生的「情世間」（依存於時空的有機生物）、所有房屋山河大地的「器世間」（生物所依存的時空）等宇宙萬有的存在問題上，於世俗諦（相對）來說，主張宇宙萬有皆有——暫時的依因緣和合而維持其形色狀態，非實有；而於勝義諦（絕對）來說，主張無所有（空），亦即宇宙萬有的體性為空——由於為暫時的依因緣和合所成的狀態，非永恆的實有，既非實有，故本質為空。

　　佛教哲學的二諦所展示、顯現的，更在於「無所得」的中道。龍樹菩薩的《中論》即以著名的「八不」，來闡明二諦的真義。所謂「八不」，即：不生、不滅；不常、不斷；不一、不異；不來、不出。其結構為八個句子，四個對子，對子間兩兩相互對應。在八不的邏輯與演繹下，即可輕易地解釋量子力學中波函數所欲描繪的可能、不確定卻又平行俱在的狀態。故世俗與勝義間的貌似常識悖論卻又相互關聯的「非二元對立論」，即與超空間理論（Theory of Hyperspace，多維空間理論）所主張的「山河大地、行星恆星等物質皆可視為波動著穿過時間與空間結構的震動——超空間中的震動」來作相互詮釋。

　　對於二諦的詮釋，印度論師寂天菩薩（藏語：ཞི་བ་ལྷ། zhi bz lha/，梵語：Shantideva）在其名著《入菩薩行論》第九品〈般若品〉中完整而精妙地詮釋了萬法為「世俗有、勝義空」。正如薩迦派的根本見地「輪涅無別」見，以及其最主要、最廣大的法教《道果》教授中的〈三現分〉所闡釋的佛教哲學思想，薩迦派對於二諦的見地與此相同，亦主張世間的萬法，為：世俗諦暫有，勝義諦真空。從認識論上，此處與龍樹菩薩所主張的緣起說與中道觀相契合，亦即：「說勝義諦是空，世俗諦是有，把兩者

統一起來的認識就是中道觀。」[23]。此緣起說與中道觀的思想，於《離四貪戀》修心法要中即能體現出來。

　　總說《離四貪戀》的藏傳佛教哲學思想，在實踐論的目的上，即令聞持並修持此法要的行者，從頌偈中所述的四種耽戀貪著中獲得究竟上的解脫。從薩迦派對空性的見地上來看，若概括此四句《離四貪戀》根本頌偈的要義則可分為：

　　於世俗（ཀུན་རྫོབ། kun rdzob/）上，包含了不貪戀個人此生表象而短暫的安樂（第一句【若貪戀此生　非行者】）、不貪戀輪迴世間虛妄不實的世俗價值（第二句【貪戀輪迴　無出離心】）、不貪戀以個人利益為動機之私利（第三句【貪戀己利 失菩提心】）等，此為相對之真理。

　　於勝義（དོན་དམ། don dam/）上，則包含不貪戀任何見地（第四句【耽著生起　失正見】），此為究竟之真理；但若全然執著於此所謂真理，即非真理。由此漸入次第，便進入了薩迦派所主張的獨特宗見：輪涅無別（འཁོར་འདས་དབྱེར་མེད། 'khor 'das dbyer med/）。

　　關於《離四貪戀》在勝義角度的修心次第，可參閱本文第五章之第二節「《傑尊・札巴嘉稱造：離四貪戀》釋論——譯注」末尾的「丙二、直接敘述：觀修勝觀（觀）」中，對於薩迦派最主要哲學思想：「明空雙運」、「輪涅無別」等見之論述。

---

23 呂澂：《印度佛學源流略講》，上海：上海人民出版社，1979年10月，第188頁。

附錄：《傑尊・札巴嘉稱造：離四貪戀》修心次第表

　　下表所列內容與修心次第，為筆者依據薩迦三祖　傑尊・札巴嘉稱所造藏文本《傑尊・札巴嘉稱造：離四貪戀》釋論中所涉之具體內容所製。讀者可透過此表所呈現之結構，對此修心法要在觀修次第順序及相屬關係上獲得簡明之理解與認識；亦可藉由此表的順序，立即掌握此釋論所闡釋的修心次第，進而對實修順序之掌握有所助益。

　　惟須注意的是，此表內容並不代表全部之薩迦派《離四貪戀》修心法要；此表所分判之各項要點，皆如本書所呈現之主要原典文本，即：薩迦三祖　傑尊・札巴嘉稱為《離四貪戀》根本四句頌偈所造的釋論內容。

三行　　層級	《離四貪戀》根本四句頌偈	直接／間接敘述	
（初）前行	一、皈依	✕	
	二、發心	✕	
（中）正行	第一句、 【若貪戀此生　非行者】	（一）直接敘述：真實與非真實的差別	
		（二）間接敘述：觀修暇滿難得、死亡無常	
	第二句、 【貪戀輪迴　無出離心】	（一）直接敘述：觀修輪迴過患	
		（二）間接敘述：業果從捨（如何取捨善惡業果）	
	第三句、 【貪戀己利　失菩提心】	（一）間接敘述：觀修慈悲（因）	
		（二）直接敘述：自他交換（果）	
	第四句、 【耽著生起　非正見】	（一）間接敘述：觀修寂止（止）	
		（二）直接敘述：觀修勝觀（觀）	
（後）結行	迴向	✕	

注：上表中之表格內凡「✕」符號，表此項無

內　容	分　項	附　註
✕	✕	
✕	✕	
1. 持戒	(1)真實的持戒	
	(2)非真實的持戒 世間八風之過患	檢視是否真誠
2. 聞思（聽聞、思維）	(1)真實的聞思	
	(2)非真實的聞思	檢視是否真誠
3. 禪修（實修）	(1)真實的禪修	
	(2)非真實的禪修	檢視是否真誠
1. 觀修暇滿人身難得	✕	共通四加行1
2. 觀修生命死亡無常	✕	共通四加行2
1. 苦苦	✕	共通四加行3
2. 壞苦	✕	
3. 行苦	✕	
✕	✕	共通四加行4
1. 觀修慈心	✕	
2. 觀修悲心	✕	
✕	✕	觀修菩提心
1. 離二邊之中道	✕	中道
2. 唯識之共道次第	✕	唯識
3. 大乘中觀不共道	✕	中觀
1. 《道果》空性見地：了悟實相的四個相續次第	(1)成境唯心	《道果》空性見地
	(2)成心為幻	
	(3)成幻無自性	
	(4)無自性不可言詮	
2. 明空雙運	✕	大手印
3. 輪涅無別	✕	大手印
✕	✕	迴向、 發願

第一章 《離四貪戀》修心法要概說

一、新譯派密乘的修心法要

二、含攝三乘之修行次第

一、新譯派密乘的修心法要

　　藏傳佛教主要承襲了約公元七世紀以來從印度陸續傳入藏地的佛教顯密二宗；藏地對於佛法的弘傳，後因西藏的政治、宗教等歷史因素變革而概略劃分成前弘期、後弘期等二個時期。對於前、後弘期（或有主張前弘期、中弘期、後弘期等三分法）的界定劃分，歷來漢藏等地的諸多學者間有不同的主張[24]，但一般多主張以公元十一世紀時的著名譯師——洛千・仁欽桑播（ལོ་ཆེན་རིན་ཆེན་བཟང་པོ། lo chen rin chen bzang po/，漢譯：大譯師・珍寶賢者，958－1055）出現的時間來概略地劃分前、後弘期。故在藏傳佛教新舊譯密續或新舊譯密乘宗派的劃分上，亦大致將仁欽桑波之前出現於西藏的密續，稱作「舊譯密續」或「舊譯派密乘」（གསང་སྔགས་གསར་མ། gsang sngags gsar ma/）；而以仁欽桑播譯師及其之後的諸位譯師所譯的密續，稱作「新譯密續」或「新譯派密乘」（གསང་སྔགས་རྙིང་མ། gsang sngags rnying ma/）[25]。

　　傳續至今，藏傳佛教最主要的四大宗派中，依照形成或出現的時間順序與新舊譯密乘的屬性關係，大致為：寧瑪派（རྙིང་མ་བ། rnying ma ba/，俗稱紅教），屬於舊譯派密乘；薩迦派（ས་སྐྱ་པ། sa skya pa/，俗稱花教）、噶舉派（བཀའ་བརྒྱུད་པ། bka' brgyud pa/，俗稱白教）、格魯派（དགེ་ལུགས་པ། dge lugs pa/，俗稱黃教）等三派，則屬於新譯派密乘。然而舊譯密續的寧瑪派傳承中，除了主要為舊譯密續的傳承，也包含了些許新譯密續的傳承；新譯密續的其他三大宗派（薩迦、噶舉、格魯）的傳承中，除了主要為新譯密續的傳承，也包含了些許舊譯密續的傳承。故準確來說，傳續至今的藏傳佛教各宗派傳承中，無論所謂舊譯或新譯的宗派，其傳承中皆不能以二分法斷然地將任何傳承視為「非舊即新」或「非新即舊」。

---

24 參閱：（清）松巴堪布・益西班覺 著，《松巴佛教史》，蒲文成、才讓 譯，蘭州：甘肅民族出版社，2013年，第188頁。

25 參閱：王森 著，《西藏佛教發展史略》，北京：中國社會科學出版社，1997年，第41頁。

於西元1073年建寺（薩迦北寺）並創派的薩迦派，即屬於新譯派密乘，其所傳承、持有的主要密續典籍亦多數屬新譯密續。《離四貪戀》修心法要，即為新譯派密乘的薩迦派所獨有的修心次第，其內容包含了佛教顯宗中的小乘、大乘佛法精華，以及佛教密乘中的見地等重要哲學思想。

　　《離四貪戀》（ཞེ་ཞེན་པ་བཞི་བྲལ། zhen pa bzhi bral/），別譯《遠離四種執著》（Parting From the Four Attachments），又稱《修心離四貪戀》（ཞེ་བློ་སྦྱོང་ཞེན་པ་བཞི་བྲལ། blo sbyong zhen pa bzhi bral/），為藏傳佛教薩迦派的主要學說之一，亦為藏傳佛教各宗派所共同肯定、推崇的哲學思想。此精要的修心法門，最早緣起自公元十二世紀初，約當西元1103年　薩迦初祖──薩千·貢嘎寧播（ས་ཆེན་ཀུན་དགའ་སྙིང་པོ། 大薩迦·普喜心要，1092－1158）十二歲時[26]閉關修習文殊法門六個月後，親見了文殊師利[27]菩薩，並受文殊菩薩當面親授《離四貪戀》修心法要，內容以一頌偈（四個句子）的方式呈現，即：｜ཚེ་འདི་ལ་ཞེན་ན་ཆོས་པ་མིན། ｜འཁོར་བ་ལ་ཞེན་ན་ངེས་འབྱུང་མིན། ｜བདག་དོན་ལ་ཞེན་ན་བྱང་སེམས་མིན། ｜འཛིན་པ་བྱུང་ན་ལྟ་བ་མིན། （/tshe 'di la zhen na chos pa min/ /'khor ba la zhen na nges 'byung min/ /bdag don la zhen na byang sems min/ /'dzin pa byung na lta ba min/），漢譯：「若貪戀此生　非行者，貪戀輪迴　無出離心，貪戀己利　失菩提心，耽著生起　非正見！」（筆者按：為表現此頌偈的讀誦音韻，故在筆者所譯之各句中，以空格作為讀誦時之暫歇處）

二、含攝三乘之修行次第

　　《離四貪戀》為薩迦派的主要哲學思想之一，在佛教的共通與不共教義上包含了佛教顯宗與密宗等三乘的思想及特殊見地。而與藏傳佛教其他宗派在修心法要的思想體系比較上，薩迦派的修心《離四貪戀》可與舊譯

---

26 關於此年齡的考證，詳見第二章之「三、《離四貪戀》修心法要的時代背景」。

27 文殊師利：འཇམ་པའི་དབྱངས། 'jam pa'i dbyangs/，梵語མཉྫུ་ཤྲཱི：Mañjuśrī，又音譯：曼殊室利。八大近侍菩薩之一。

派密乘中寧瑪派《普賢上師言教》的前行「六引導」，以及新譯派密乘中噶當派的「三士道」、格魯派的「三主要道」等其他宗派相關之修心法要相互比較或互作對照。

（一）《離四貪戀》含攝佛教顯密三乘

於佛教顯宗的概念中，最廣泛的修行次第概念，當屬對於受法種性（受法根基）的「三乘」分類概念，即：小乘之聲聞乘、辟支佛乘（又稱緣覺乘），以及大乘之菩薩乘（佛乘）。依據《妙法蓮華經》卷第二〈譬喻品〉第三[28]所載：「……於三界火宅，拔濟眾生。為說三乘：聲聞、辟支佛、佛乘。……」又載：「……如來亦複如是。無有虛妄。初說三乘，引導眾生。然後但以大乘，而度脫之。何以故？如來有無量智慧，力無所畏，諸法之藏。能與一切眾生，大乘之法。但不盡能受。舍利弗！以是因緣，當知諸佛，方便力故，於一佛乘，分別說三。……」故知三乘本無分別，但因眾生根器[29]的差異，權且以「因材施教」的方式，暫時對不同的受法對象廣開方便法門，分三乘（聲聞乘、緣覺乘、菩薩乘）而說。

而於藏傳佛教的概念中，佛陀為不同根器的眾生所宣說法教的數量，在概數上約以「八萬四千法」來做為代稱；然而此數量並非指所有教法的總數量，而是指通常一位佛教信眾所能聽聞的法教數量。於此「八萬四千法」的內容中，主要分小乘（聲聞乘、辟支佛乘等二乘）及大乘（菩薩乘）等法教。大乘又分：般若波羅蜜多乘（པར་ཕྱིན། phar phyin/，簡稱「般若乘」，又稱：因乘）及金剛乘（སྔགས། sngags/，又稱：果乘、密咒乘）。佛法中為各宗所普遍共有通行之共通顯宗，包含了小乘與大乘，其中大乘佛法包含了小乘；而佛法中不為各宗所共有通行之不共密宗，則「包含了

---

28 中華電子佛典協會(cbeta)〔法華部類〕〔法華部〕，《大正新修大藏經》第九冊，No. 0262
　　《妙法蓮華經》卷二，〈譬喻品〉第三。

29 根器，器皿的別稱。根，指慧根，喻先天之品格；器，指容器，喻後天之容量。故根器一
　　辭，指諸堪受佛法的佛教徒中，不同程度的受法者。

佛教教主 釋迦牟尼能仁王佛

所有大乘顯宗般若乘佛法與無上金剛乘佛法」[30]，亦即包含了：小乘的自解
脫、大乘自利利他的菩薩道，以及金剛乘的方便智慧無二等一切佛教共與
不共之顯密法教。故於藏傳佛教的「三乘」概念，通常指：小乘、大乘及

---

30 吉祥賢居士（葉靈毅）編著：《破曉——第39任薩迦法王傳》，台北：喜旋文化出版工作室/
　　同喜文化出版工作室，2012年5月。第94頁。

金剛乘，此說法為依據薩迦第五祖——八思巴法王（ཆོས་རྒྱལ་འཕགས་པ། chos rg-yal 'phags pa/, 1235－1280）所主張之「不共三乘」做解說。

薩迦派主要哲學思想之一的《離四貪戀》修心法要，實包含一切般若波羅蜜道（佛教顯宗）的實修，含攝了六波羅蜜多、發菩提心，以及三法印、四共加行，甚至薩迦派至高、至廣的《道果》法門中的前行〈三現分〉，以及正行〈三續分〉的第一部分「含藏因續」，亦皆能與《離四貪戀》修心法要的內容相對應。

（二）薩迦派《離四貪戀》與其他宗派相關之修心法要

已故薩迦派經師、IBA國際佛學院創校校長——雍錦堪千・阿貝仁波切（ཡོངས་འཛིན་མཁན་ཆེན་ཨ་པད་རིན་པོ་ཆེ། yongs 'dzin mkhan chen a pad rin po che/, 1927－2010）曾開示，著名的《普賢上師言教》（藏傳佛教寧瑪派的主要哲學思想之一）亦能於《離四貪戀》中體現；於噶當派著名的「三士道」以及宗喀巴大師首創的「三主要道」等修道次第概念，也能從《離四貪戀》修心法要所含攝的修心次第中體現出來。如是所有大乘的修心法要精髓，皆彙集於此《離四貪戀》簡短四句頌偈的密意之中。此修心法要亦能以明確、簡要、晉階、拾級而上的次第方式引導修行者，故薩迦派許多祖師皆曾主張：若能對此生起信念，於一切法皆能獲得殊勝證悟。至今藏傳佛教各宗派中雖皆傳承有諸多關於修心法要的論典與思想體系，但薩迦派自宗之中仍特別以《離四貪戀》之修心法類作為修心的主要哲學思想。

關於「修心」（བློ་སྦྱོང་། blo sbyong/）一辭，其定義為暗自將心調適、鍛煉至柔軟，減少貪、瞋、癡等三毒之剛強習氣，令習氣與個性更加柔和，增長善根等調伏自心之修煉方法。修心之最主要意義即在於增長菩提心。依據薩迦派所主張含攝於三乘（小乘、大乘、金剛乘）中的修心法要，即分：一、上座部（小乘）中的出離心及皈依等；二、大乘顯宗中的慈悲心；三、金剛乘（大乘密宗）中的：身修本尊瑜伽（本尊相應）、語修真

薩迦派大經師 堪千・阿貝仁波切（1927－2010）

言、意修禪定等，三身對應於三密的修煉。

　　藏傳佛教中針對「修心」的論述，當數公元十一世紀時新譯派密乘的噶當派（བཀའ་གདམས་པ། bka' gdams pa/）祖師首先提出，例如著名的「三士道」修道次第概念。然而在佛教中「三士道」的修道次第概念實非噶當派

所首創，最早乃見於印度論師世親[31]菩薩所造的《俱舍論釋》[32]。格魯派宗喀巴大師的《菩提道次第廣論》中更說明，於更早出現的彌勒菩薩[33]造《瑜伽師地論》卷第六十一〈攝決擇分〉中即已建立了各種的「三士」概念。依據此論〈攝決擇分〉中，有尋有伺等三地之四「乙二、引經說」之「丙三、抉擇補特伽羅差別」載：「複有三士。一重受欲二重事務。三重正法。初名下士。次名中士。後名上士。……」。由此可推測無著論師的「三士」概念影響了世親論師，世親論師再影響了阿底峽尊者（ཨ་ཏི་ཤ a ti sha，982－1054），噶當派的先驅——阿底峽尊者即直接影響了後世格魯派的宗喀巴大師。

　　若將薩迦派《離四貪戀》修心法要與同為新譯密乘的噶當派及格魯派主要思想之一的「三士道」思想做比較，阿底峽尊者對其著作《菩提道燈》的自注《菩提道燈難處釋》（༄ བྱང་ཆུབ་ལམ་གྱི་སྒྲོན་མེའི་དཀའ་འགྲེལ། byang chub lam gyi sgron me'i dka' 'grel/）中，引用了世親論師的《俱舍論釋》原文，說明了三士道的定義與分辨[34]。《俱舍論頌疏》第十二卷[35]記載：「故有頌曰：下士勤方便，恆求自身樂；中士求滅苦，非樂苦依故；上士恆勤求，自苦他安樂，及他苦永滅，以他為己故。」

　　再者，於「道次第、修道次第」與「修心、修心次第」之名相上實則有所差異。阿底峽尊者於其所著之《大乘指導》（༄ ཐེག་པ་ཆེན་པོའི་ཁྲིད། theg pa

---

31 世親：又譯天親，དབྱིག་གཉེན། dbyig gnyen/，梵語：Vasabandhu，約西元380－約480年。

32 釋如石：中華佛學研究所論叢12——《菩提道燈抉微》，台北：法鼓文化事業有限公司，1997年12月二版，第38頁。

33 彌勒菩薩：此處指མི་ཕམ་མགོན་པོ། mi pham mgon po/；一說為無著論師，ཐོགས་མེད། thogs med/，梵語：Asanga。

34 同上注32，第83頁、第85頁。

35 唐 圓暉述：《俱舍論頌疏》，中華佛典寶庫《大正新修大藏經》〔論疏部〕，第四十一冊，No. 1823《俱舍論頌疏》第十二卷。

chen po'i khrid/）論典[36]中主張，對於實修的道、法以及實修者等三種修行的情況，概分：「道次第」與「修心」等二類。第一、「道次第」（ལམ་རིམ། lam rim/）為共通之指導，意即修道之進階道路，亦稱修道次第。第二、「修心」為不共之指導，意即修養調伏心性的方法。而進行實修之「三士」（下士、中士、上士），則為在修道次第上依照各自的品格內涵進行修心的三等人。故三士之道次第，即分：下士道、中士道、上士道等三種修道的次第道途；三士之修心法，即分：下士法、中士法、上士法等三種修心的次第方法。

故薩迦派《離四貪戀》根本頌偈的第一句【若貪戀此生 非行者】的主張同於噶當派及格魯派三士道思想中的下士道，其道次第皆為以求得凡夫個人來世不墮惡趣、投生善趣，修心法為以來世不墮惡趣而修持善業為目的。《離四貪戀》第二句【貪戀輪迴 無出離心】同於三士道思想中的中士道，其道次第皆為以求得小乘人個人的解脫，修心法為以求得自解脫而修持三學（戒、定、慧）為目的。第三句【貪戀己利 失菩提心】同於三士道中的上士道，其道次第皆為求得大乘人的自他解脫，修心法為六度（六波羅蜜多）及發大乘菩提心。而《離四貪戀》第四句【耽著生起 非正見】亦與三士道中的上士道相同，其道次第皆為最上根大乘人之願自他皆成就佛果，修心法為以體悟中觀正見，最終並獲得究竟圓滿的證悟為目的。

---

36 覺沃傑・吉祥阿底峽：《佛至尊 吉祥阿底峽・噶當父法》（ཇོ་བོ་རྗེ་དཔལ་ལྡན་ཨ་ཏི་ཤའི་རྣམ་ཐར་བཀའ་གདམས་པ་ཆོས་ཞེས་བྱ་བ་བཞུགས་སོ། jo bo rje dpal ldan a ti sha'i rnam thar bka' gdams pa chos zhes bya ba bzhugs so/，又稱：《噶當祖師問道錄》），德格版《覺沃傑父子文集》（ཇོ་བོ་རྗེ་ཡབ་སྲས་ཀྱི་གསུང་འབུམ། jo wo rje yab sras kyi gsung 'bum/）全1函之第一部分。

1.1 薩迦派修心《離四貪戀》頌偈與噶當派「三士道」之對應表

三士道學說 《離四貪戀》根本頌偈	對象	三士道	道次第 （共通指導）	修心法 （不共指導）
第一句 【若貪戀此生 非行者】	凡夫	下士道	求來世不墮惡趣、投生善趣	為了來世不墮惡趣而修持善業
第二句 【貪戀輪迴 無出離心】	小乘人	中士道	僅求自度、自解脫	為了自解脫而修持三學
第三句 【貪戀己利 失菩提心】	大乘人	上士道	自度度人、利益一切眾生	六度、大乘之發菩提心
第四句 【耽著生起 非正見】	最上根大乘人	上士道	願自他皆成就佛果	中觀正見、究竟之境

　　在藏傳佛教各宗派對於修心次第的各自闡述方面，首先公元十一世紀初阿底峽尊者入藏弘法後，對於解釋修心的次第上造有著名的《修心七要》（ᠴᠳᢅᠭᡀᡯᢤᡀᢦ blo sbyong don bdun ma/，又稱：修心七事）根本頌偈[37]，該頌偈中所主張之「修心七要」理論亦為藏傳佛教各派所重視並推崇的關於修心次第之重要哲學思想，其方法要點即：一、前行（預備修行）為思維依法；二、正行（主要修行）為修煉菩提心；三、轉逆緣成菩提道；四、總集一生之實修於聖教（收束一生時修佛教）；五、煉心之量（圓滿修煉心的度量標準）；六、修心之誓言；七、修心之學處（戒律）。

　　此外阿底峽尊者的弟子，亦是噶當派的真正創派者——種敦巴·嘉瓦炯內（ᠴᢩᠮᢵᢶᢶᢺᡂᢅᠭᢤᢶᠭᢤᢶ 'brom ston pa rgyal ba'i 'byung gnas/，種氏祖師·勝佛源處，1005－1064）對於修心次第的方法則主張有「修心八座」，即觀修：一、依膳食修心；二、依風（氣息）修心；三、依身變化恆河沙數修心；四、依血肉修心；五、依食子修心；六、依大種（自然元

---

37 同上注《佛至尊 吉祥阿底峽·噶當父法》。

66　薩迦修心道歌

素）修心；七、依身變化如意摩尼修心；八、死時口訣修心。

薩迦派修心《離四貪戀》的修心次第與薩迦道果的某小部分修心次第重疊，皆主張四部分：一、自心入於法；二、入於正法道；三、滅除道上之錯亂；四、將幻象昇華為法界。著作有《佛子行三十七頌》等諸多膾炙人口釋論的薩迦派祖師——嘉謝・拓美桑布（རྒྱལ་སྲས་ཐོགས་མེད་བཟང་པོ། rgyal sras thogs med bzang po/，漢譯：無著賢者，或簡譯：土美大師，1295－1369），曾對《修心七要》注釋有《修心大耳傳》（ྋ བློ་སྦྱོང་སྙན་བརྒྱུད་ཆེན་མོ་ཞེས་བྱ་བ་བཞུགས་སོ། blo sbyong snyan brgyud chen mo zhes bya wa bzhugs so/）之略釋釋論[38]。

噶舉派中塔布噶舉支派的崗波巴大師——塔布拉傑・索南仁欽（དགྭགས་པོ་ལྷ་རྗེ་བསོད་ནམས་རིན་ཆེན། dwags po lha rje bsod nams rin chen/，漢譯：塔布醫者・福澤珍寶，1079－1153），師承米拉日巴大師學成以後，融合了噶當派的「道次第」思想以及自宗噶舉派米拉日巴傳承的「大手印」思想體系之後，亦造有《道次第解脫莊嚴論》（全稱：《妙法如意摩尼解脫珍寶莊嚴論》，ྋ དམ་ཆོས་ཡིད་བཞིན་ནོར་བུ་ཐར་པ་རིན་པོ་ཆེའི་རྒྱན་ཅེས་བྱ་བ་བཞུགས་སོ། dam chos yid bzhin nor bu thar pa rin po che'i rgyan ces bya wa bzhugs so/，簡稱：《解脫莊嚴論》）[39]之修心次第論典。

格魯派的傑・宗喀巴大師（རྗེ་ཙོང་ཁ་པ། rje cong kha pa/，1357－1419）所開創的著名哲學思想《大道次第》（ྋ ལམ་རིམ་ཆེན་མོ། lam rim chen mo/，簡稱「道次第」）法要中，亦承襲了阿底峽尊者「三士道」的次第思想體系，

---

38 嘉謝・拓美桑布 著：《修心大耳傳》（又稱：《修心大耳傳》略釋），德格版《嘉謝・拓美桑布文集》（རྒྱལ་སྲས་ཐོགས་མེད་བཟང་པོའི་གསུང་འབུམ། rgyal sras thogs med bzang po'i gsung 'bum/）全1函之第五部分。

39 塔布拉傑・索南仁欽 著：《妙法如意摩尼解脫珍寶莊嚴論》，德格版《塔布拉傑・索南仁欽文集》（དགྭགས་པོ་ལྷ་རྗེ་བསོད་ནམས་རིན་ཆེན་གྱི་གསུང་འབུམ། dwags po lha rje bsod nams rin chen gyi gsung 'bum/）第2函之第十四部分。

而「道次第」中的止觀以及宗喀巴大師的緣起性空見，甚至「三主要道」的修道次第概念，皆可與薩迦派的《離四貪戀》修心法要做比較。「三主要道」中的第一次第「出離心」，於《離四貪戀》頌偈的第一句及第二句中可體現出來；而三主要道的第二次第「菩提心」，於《離四貪戀》頌偈的第三句中作體現；三主要道的第三次第「正見」（無二慧），則於《離四貪戀》頌偈的第四句中皆能體現。宗喀巴大師獨特的「緣起性空」見，於此第四句中直接敘述的觀修勝觀（觀）中亦能與之相互對應。

1.2 薩迦派修心《離四貪戀》頌偈與格魯派「三主要道」之對應表

《離四貪戀》根本頌偈 ＼ 學説	三士道	格魯派三主要道
第一句【若貪戀此生 非行者】	下士道	出離心
第二句【貪戀輪迴 無出離心】	中士道	出離心
第三句【貪戀己利 失菩提心】	上士道	菩提心
第四句【耽著生起 非正見】	上士道	正見（無二慧）

　　至較晚近的公元十九世紀時舊譯寧瑪派的巴楚仁波切（又譯：巴珠仁波切，དཔལ་སྤྲུལ་རིན་པོ་ཆེ། dpal sprul rin po che/，1808－1887）造有著名的《大圓滿隆欽寧替之前行講義・普賢上師言教》（ རྫོགས་པ་ཆེན་པོ་ཀློང་ཆེན་སྙིང་ཐིག་གི་སྔོན་འགྲོའི་ཁྲིད་ཡིག་ཀུན་བཟང་བླ་མའི་ཞལ་ལུང་ཞེས་བྱ་བ། rdzogs pa chen po klong chen snying thig gi sngon ’gro’i khrid yig kun bzang bla ma’i zhal lung zhes bya ba/，簡稱《普賢上師言教》）[40]，其中屬於〈共通外前行〉（ཐུན་མོང་ཕྱིའི་སྔོན་འགྲོ། thun mong phyi’i sngon ’gro/）的「六引導」理論思想，亦可與薩迦派的修心《離四貪戀》思想體系做相互比較。《普賢上師言教》中的前行「六引導」

---

40 巴楚仁波切 著：《大圓滿隆欽寧替之前行講義・普賢上師言教》，德格版《巴楚文集》（དཔལ་སྤྲུལ་གསུང་འབུམ། dpal sprul gsung ’bum/）全1函之第一部分。

修心次第,即:一、觀修暇滿人身難得;二、觀修人生壽命無常;三、觀修輪迴過患;四、善惡業果之斷取;五、勝利之解脫;六、依止善知識(依止上師)。若與薩迦派的修心《離四貪戀》頌偈相較,則《普賢上師言教》前行「六引導」中的第一及第二觀修次第主張,與《離四貪戀》頌偈的第一句所涉範圍相同;而前行「六引導」的第三及第四觀修次第,則與《離四貪戀》頌偈的第二句所涉的觀修範圍相同。

1.3 薩迦派《離四貪戀》頌偈前二句與寧瑪派 《普賢上師言教》前行「六引導」之對應表

宗派與學説 〈br〉《離四貪戀》根本頌偈	薩迦派 前行四共加行	寧瑪派《普賢上師言教》 前行「六引導」
第一句【若貪戀此生 非行者】	1. 暇滿人身難得 〈br〉2. 生命死亡無常	1. 觀修暇滿人身難得 〈br〉2. 觀修人生壽命無常
第二句【貪戀輪迴 無出離心】	3. 業果從捨 〈br〉4. 輪迴過患	3. 觀修輪迴過患 〈br〉4. 善惡業果之斷取

第二章 《離四貪戀》修心法要的緣起

一、原典所載《離四貪戀》緣起識語

　　關於《離四貪戀》的緣起，現存的藏文木刻版《薩迦五祖文集》、《續部總集》等文本中，於諸釋論正文之前載入有一段記述此《離四貪戀》如何緣起的識語，筆者在此一併將這篇記述由來的序文加以譯注，以助了解《離四貪戀》法門的緣起因由。本段緣起識語所採用的文本，同於本文主要內容：《傑尊・札巴嘉稱造：離四貪戀》釋論之出處，皆收錄於藏文版本《續部總集》第23函《修心離四貪戀法類》[41]中的稽首處，即第482頁。

　　此緣起短文之稽首處，考本文所採用原典的藏文木刻版中並無載錄梵文啟始咒，但某些藏文木刻版或新編電子列印新校版本等，則另添加有一句梵文之啟始咒；或有其他文本如同本文所採用版本，未加咒文，各版本間稍有差異。例如：藏文木刻版《薩迦五祖全集》[42]所載為ༀ་སྭསྟི་སིདྡྷཾ།（轉寫：/om swasti siddham/；威利轉寫方案作/om swa-sti sid-dham/）；電子列印新校版本《薩迦五祖全集對勘本（12/15）》[43]亦載為ༀ་སྭསྟི་སིདྡྷཾ།；但電子列印新校版本《藏傳佛教修心百則》[44]卻另載為ༀ་སྭ་སྟི་སིད་དྷི།（轉寫：om swa sti sid dhi/）。

　　此咒結構為以藏文字母轉寫梵語：ༀ་སྭསྟི་སིདྡྷཾ།，漢語略譯為「嗡，福善，成就！」。其中，ༀ（om）讀作「嗡」或「唵」，屬咒語起首音，於密乘

41　《修心離四貪戀法類》，藏文古籍刻本1971年印度德里版《續部總集》第23函，第482頁。

42　《扎巴堅贊文集》〈離四貪戀教誡〉，藏文古籍刻本1736年德格版《薩迦五祖文集》第四卷第9函，第594頁。

43　扎巴堅贊：《扎巴堅贊文集》，先哲遺書（十四）《薩迦五祖全集對勘本（12/15）》，百慈藏文古籍研究室編輯整理，北京：中國藏學出版社，2007年4月，第331頁。

44　沿日・嘎藏陀美 整理，《藏傳佛教修心百則》，蘭州：甘肅民族出版社，2006年6月，第399頁。

續部中有諸多涵義，無字面意義。ཿ（swasti），《梵藏對照辭典》[45]注解為：ཤིས་པ་（མཛེ）དང་། དགེ་བ་དང་སྟོན་པ།，意為吉祥、福善（經部載）、妙淨善或希冀、祈願。 སིདྡྷཾ།（siddhaṃ/）或སིད་དྷི།（sid dhi/）在《梵藏對照辭典》中將སིདྡྷཾ།注解為འགྲུབ།（漢譯：完成、成就）；另將སིདྡྷཿ 注解為གྲུབ་པ།（同འགྲུབ་པ།，漢譯：完成、成就），而將སིདྡྷི།注解為གྲུབ་པ་དང་། དངོས་གྲུབ།，意為完成，或梵音轉譯作「悉地」的成就之意。此處「悉地」所指的成就，特別指在宗教意義上，行者經修持佛教密乘口訣而獲得之清淨善果。

可能由於口耳相承的口訣在傳抄過程中發生筆誤，或印經範本雕刻時之誤植、範本筆劃損脫，或後世新校版本編輯者主觀之認知等不同因素，致使各文本中產生些許符號或斷句上的差異。故由於各文本所示之差別，此咒文若尾字為སིདྡྷཿ或སིདྡྷི།，則全咒可解讀為：「嗡，福善，成就！」；若尾字為སིདྡྷཾ།，則全咒尚可解讀為：「嗡，成辦，福善！」，其間差異在於第二音節之母音以及字後所加之字尾符號。無論作何翻譯解讀，差別僅在於些微之符號詮釋，故此二者皆為卷首祈願福澤善妙、獲得成就之吉祥贊辭。

二、《離四貪戀》緣起識語之藏漢對譯與譯注

凡例：

1.於各段之首皆附有上下二格相連之灰階色塊，此色塊內的文字為本文所引藏文原典之原文。於上方深灰色色塊內所附為藏文原文；下方淺灰色色塊內，為筆者所添之相對應漢譯。

2.以下所附藏文原文及釋論之譯注中，標有[481]之符號數位，表示此文啟始於上述文本的第481頁；標有[482.1]之符號數位，表示此文啟始於上

---

45 《梵藏對照辭典》（སོ་བོད་སྐད་གཉིས་ཤན་སྦྱར་གསེར་གྱི་ཕྲེང་བ་མཛེས།），四川省阿壩藏族羌族自治州藏文編譯局，蘭州：甘肅民族出版社，1996年6月，第848－849頁。

述文本的第482頁、第1行。接下文句中標有[2]、[3]、[4]等符號數位，表示此文啟始於該頁的第二行、第三行、第四行……。

經題：[481] ༄༅། །བློ་སྦྱོང་ཞེན་པ་བཞི་བྲལ་གྱི་སྐོར་བཞུགས་སོ།། །།

轉寫：[481] /blo sbyong zhen pa bzhi bral gyi skor bzhugs so//

漢譯：《修心離四貪戀法類》

[482.1] ༄༅། །བླ་མ་ས་སྐྱ་པ་ཆེན་པོ་དགུང་ལོ་བཅུ་གཉིས་བཞེས་པའི་ཚེ། འཕགས་པ་འཇམ་པའི་དབྱངས་ཀྱི་སྒྲུབ་པ་ཟླ་བ་དྲུག་མཛད་པས། དུས་གཅིག་གི་ཚེ་འོད་ཆོས་ཀྱི་དབུས་ན་རིན་པོ་ཆེའི་ཁྲི་གཅིག་གི་སྟེང་ན་རྗེ་བཙུན་འཇམ་དབྱངས་དམར་སེར་ཆོས་འཆད་ [2] ཀྱི་ཕྱག་རྒྱ་ཅན་བཟང་པོའི་སྐྱབས་ཀྱིས་བཞུགས་པ། འཁོར་བྱང་སེམས་གཉིས་གཡས་གཡོན་དུ་གནས་པ་མངོན་སུམ་དུ་གཟིགས་ཏེ། གཙོ་བོའི་ཞལ་ནས། ཚེ་འདི་ལ་ཞེན་ན་ཆོས་པ་མིན། །ཁམས་གསུམ་ལ་ཞེན་ན་ངེས་འབྱུང་མིན། །བདག་དོན་ལ་ཞེན [3] ན་བྱང་སེམས་མིན། །འཛིན་པ་བྱུང་ན་ལྟ་བ་མིན། །ཞེས་གསུངས་པའི་དོན་ལ་དཔྱད་པས། ཕ་རོལ་ཏུ་ཕྱིན་པའི་ལམ་གྱི་ཉམས་ལེན་ཐམས་ཅད་ཞེན་པ་བཞི་བྲལ་བའི་བློ་སྦྱོང་དུ་འདུ་བར་དགོངས་ཏེ། ཆོས་ཐམས་ཅད་ལ་དེས་ཤེས་ཁྱབ་པར་ཅན་ཐོབ་པ་ཡིན་ནོ། ། [4] ས་མནྟ་མི་ཐི།།

【譯】[482.1]上師——大薩迦巴年方十二歲壽時，修持六個月之聖‧妙吉祥法門。一時，於光蘊之中親見一珍寶座，其上有至尊‧紅黃文殊說法[2]手印者，善跏趺坐坐姿，並有二位菩薩眷屬依止於左右，真實當面現前。主尊開尊口宣說：「若貪戀此生 非行者，貪戀三界 無出離心，貪戀己利[3]失菩提心，耽著生起 失正見！」伺察此文義，則般若波羅蜜道之一切實修皆彙集於此《修心離四貪戀》之宗旨意趣中，起信此殊勝法門能得一切法！圓滿[4]總結！

【解】「上師——大薩迦巴」，即薩迦派第三任座主[46]、著名薩迦五祖之「初祖」——薩千‧貢嘎寧播（ས་ཆེན་ཀུན་དགའ་སྙིང་པོ། sa chen kun dga' snying po/，大薩迦‧普喜心要，1092－1158）。關於薩千‧貢嘎寧播受文殊菩薩親授《離四貪戀》修心法要的年歲再考據及時代背景，於下節：「三、《離四貪戀》修心法要的時代背景」再加以探討。

　　如同下段關於探討受法時間疑點的釋疑，薩迦初祖——貢嘎寧播十二歲時（西元1103年），聽從其上師——巴日大譯師‧仁千札（བ་རི་ལོ་ཙཱ་བ་རིན་ཆེན་གྲགས། ba ri lo ts'a ba rin chen grags/，巴日譯師‧珍寶譽，1040－1111）的指示：……當學習佛法，學習佛法需要慧能，而慧能之本尊為文殊菩薩，故應修持「阿剌巴雜拿」（ཨ་ར་པ་ཙ་ན། a ra pa tsa na/，即指「五字文殊」）之法門，誦修其咒。如是薩千‧貢嘎寧播於其上師跟前領受此法門後遵從指導，精進閉關修持此「聖‧妙吉祥」（文殊菩薩）法門六個月後，在某一時刻，親見虛空中現出一團光蘊，此光體蘊聚之團光中，有一座由各種珍寶莊嚴而成的寶座，寶座上安坐著「至尊‧紅黃文殊」（རྗེ་བཙུན་འཇམ་དབྱངས་དམར་སེར། rje btsun 'jam dbyang dmar ser/，意即橙色文殊菩薩相），文殊菩薩雙手當胸，結作兩手大、食指相撚之「說法手印」；雙足呈足脛下垂，足掌踏地之「善跏趺坐坐姿」。文殊菩薩以此身姿如同未來佛彌勒菩薩[47]的傳統法相，化現於光蘊中之寶座上。於文殊菩薩左右兩旁，並有二位

---

46 薩迦派三任座主：薩迦派第一任座主為創派尊宗師——昆‧貢秋嘉播（འཁོན་དཀོན་མཆོག་རྒྱལ་པོ། 'khon dkon mchog rkyal po，昆族‧三寶勝王，1034－1102），第二任座主為大譯師——巴日洛匝瓦‧仁千札，第三任座主為初祖——薩千‧貢嘎寧播。詳見筆者拙著：《破曉——第39任薩迦法王傳》，吉祥賢 編著，台北，喜旋文化出版工作室，2012年5月，第19頁，歷任薩迦法座傳承表。

47 彌勒菩薩：རྒྱལ་བ་བྱམས་པ། rgyal ba byams pa/; མི་ཕམ་མགོན་པོ། mi pham mgon po/，梵語Maitreya。此處指八大近侍菩薩之一的彌勒菩薩，或稱慈氏怙主。

五字文殊,又稱「紅黃文殊」菩薩

文殊菩薩善跏趺坐相

菩薩眷屬，脅立於側，即無盡意菩薩[48]與智積菩薩[49]。此主、眷三尊（文殊菩薩與二脅侍）真實地於貢嘎寧播面前顯現。

此處所謂「二位菩薩」，本文所據藏文原典載為 བྱང་སེམས་གཉིས（byang sems gnyis），為བྱང་ཆུབ་སེམས་དཔའ་གཉིས（byang chub sems dpa' gnyis）的簡稱，漢譯為二菩提薩埵，意即二位菩薩。惟此簡稱在藏文字面上與「二菩提心」相同，易於混淆。前述藏文木刻版《薩迦五祖全集》中即另載為བྱང་ཆུབ་སེམས་དཔའ་གཉིས，直接說明了此處所指並非二種菩提心，而為二位脅侍的菩薩。又關於二位脅侍菩薩名稱之考證，由於英文版《離四貪戀》釋論[50]中作如此敘述："During this retreat, he beheld a resplendent vision of Man-jushri, seated on an upright throne with hands in the teaching mudra, in the posture in which the future budd-ha Maitreya traditionally appears. Manjushri was flanked on either side by the bodhisattvas Akshayamati and Pratibhanaku-ta."。故於某些坊間或電子訊息中，或將此處文殊菩薩脅侍之一的無盡意菩薩（Akshayamati）誤解為彌勒菩薩（Maitreya）。此即完全將描述「文殊菩薩身姿如同未來佛彌勒菩薩」的一段內容，曲解為彌勒菩薩是二位脅侍菩薩的其中一位。又《大方等大集經》卷第二十八，〈無盡意菩薩品〉的梵文稱作：Akshayamati Sutra，故知Akshayamati為無盡意菩薩，非彌勒菩薩，在此特加考證探討。

主、眷三尊的主尊文殊師利菩薩並開啟尊口，對薩千・貢嘎寧播宣說了「若貪戀此生 非行者，貪戀三界 無出離心，貪戀己利 失菩提心，耽著生起 失正見！」之《離四貪戀》珍貴法教。若詳加伺察、明辨思量此頌偈

---

48 無盡意菩薩（Akshayamati），又譯：無盡慧菩薩、無量意菩薩。

49 智積菩薩（Pratibhanakuta）。

50 Chogye Trichen Rinpoche, Parting from the Four Attachments, Jetsun Drakpa Gyaltsen's Song of Experience on Mind Training and the View, Commentary translated by Thubten Choedak, New York：Snow Lion Publications, 2003, pp. 67.

文殊菩薩主眷三尊向薩千・貢嘎寧播宣說《離四貪戀》修心法要圖

圖片摘錄自《遠離四種執著》(孫一居士英譯本，1986年)插畫

當中的細微文義，則知一切佛教大乘顯宗「般若波羅蜜道」的實修要義，皆彙集在此《修心離四貪戀》法門的宗旨意趣中，可謂既盡匯集結了大乘諸法門又深入淺出。生起信心、信念來相信此殊勝、特別的法門，即能獲得一切法門！

此緣起短文之結尾處，錄有藏文字母轉寫梵語：ས་མཱུ་ལཱ་མི་ཐི།། （sa ma'pata mi thi//）；各文本中唯有《藏傳佛教修心百則》[51] 則載為 ｜ས་མ་ལྡ་ང｜（/sama'pa'ta/），省略了語尾綴詞 མི་ཐི།（mi thi/）。《梵藏對照辭典》[52] 注解 ས་མཱུ་ལྡ།（sa ma'pata/）為：རྫོགས་པ།，意為圓滿、完備、結束；又對ས་མ་པ་ཏཿ（sa-mapata）注解為：མདོར་བསྡུ་ན།，意為簡言之）。故此結束語為「圓滿、簡言之、總而言之」等總結之意。

三、《離四貪戀》修心法要的時代背景：薩迦初祖——薩千・貢嘎寧播與《離四貪戀》修心法要

經比對本書所引用之原典文本與其他相關文獻或文本的記載後，可發現對於《離四貪戀》修心法要出現的時間點在描述上或稍有差異，故對於《離四貪戀》出現的時代背景，可先從薩迦初祖——薩千・貢嘎寧播受《離四貪戀》法要時的年歲考證加以探討。

關於薩千・貢嘎寧播受文殊菩薩親授《離四貪戀》修心法要時的年齡，於本文所依據的藏文原典《續部總集》第23函《修心離四貪戀法類》

---

51 洽日・嘎藏陀美 整理，《藏傳佛教修心百則》（ལྔ།། བུད་ཀྱུབ་སེམས་སྐྱོད་ཀྱི་གདམས་པ་བློ་སྦྱོང་བརྒྱ་རྩ་ཞེས་བ་བཞུགས་སོ།），蘭州：甘肅民族出版社，2006年6月，第399頁。

52 《梵藏對照辭典》（སྐྲོ་བོད་སྐད་གཉིས་ཤན་སྦྱར་གསེར་གྱི་ཐིང་མཛོད།），四川省阿壩藏族羌族自治州藏文編譯局，蘭州：甘肅民族出版社，1996年6月，第828頁。

的稽首處[53]與其他文本《薩迦五祖文集》[54]中均記載為十二歲（西元1103年）：「上師——大薩迦巴年方十二歲壽時」（ བླ་མ་ས་སྐྱ་པ་ཆེན་པོ་དགུང་ལོ་བཅུ་གཉིས་བཞེས་པའི་ཚེ། /bla ma sa skya pa chen po dgung lo bcu gnyis bzhes pa'i tshe/ ）。

　　而在藏、漢文本《薩迦世系史》中並未明確說明薩千・貢嘎寧播受《離四貪戀》法要時的年齡，僅記載：「此後，他十一歲時，其父圓寂……。」[55]（ དེ་ནས་དགུང་ལོ་བཅུ་གཅིག་ལོན་པ་ཡབ་བདེ་བར་གཤེགས་ཏེ /de nas dgung lo bcu gcig lon pa yab bde bar gshegs te）[56]，而後「……，六個月後親見文殊菩薩。……」[57]（ ...བླ་བ་དྲུག་ནས་འགྲུབ་སྟེ་འཇམ་དཔལ་གྱི་ཞལ་གཟིགས་ཤིང༌། ……zla ba drug nas 'grub ste 'jam dpal gyi zhal gzigs shing/）[58]。該文直至「……此後，貢嘎寧播十二歲時，大家討論此貴子應學習什麼及派往何處為佳，……」[59]之前皆未述及其相關年歲，故於文意上即是等同將此事件涵蓋於薩千・貢嘎寧播十一歲時（西元1102年）的際遇之中。然而此說法顯然與本文所依據藏文原典所載受法時的年歲並不相符。

　　由上所述，在此即產生了二個問題：薩千・貢嘎寧播究竟於何年將薩迦法座交付給巴日譯師？又薩千・貢嘎寧播於何年、何歲壽時受文殊菩薩親授《離四貪戀》修心法要？

53　《修心離四貪戀法類》，藏文古籍刻本1971年印度德里版《續部總集》第23函，第482頁。

54　《札巴嘉稱文集》〈離四貪戀教誡〉，藏文古籍刻本1736年德格版《薩迦五祖文集》第四卷第9函，第594頁。

55　阿旺貢嘎索南 著：漢譯版《薩迦世系史》上冊，陳慶英、高禾福、周潤年 譯注，北京：中國藏學出版社，2005年9月，第19頁。

56　阿旺貢嘎索南 編著：藏文版《薩迦世系史》上冊（ ཨོཾ།། དཔལ་ས་སྐྱའི་གདུང་རབས་རིན་མཆོར་བང་མཛོད།། སྟོད་ཆ། ）藏文，拉薩：西藏人民出版社，2012年11月，第65頁。

57　同前注，漢譯版《薩迦世系史》上冊，第20頁。

58　同前注，藏文版《薩迦世系史》上冊，第66頁。

59　同前注，漢譯版《薩迦世系史》上冊。

考其歷史背景，據藏漢文本《薩迦世系史》、《紅史》[60]、《青史》[61] 及筆者拙著《破曉——第39任薩迦法王傳》中，皆載明薩千・貢嘎寧播「十一歲」時，其父——薩迦大法座（薩迦派的最高領導位階）的第一任座主——昆・貢秋嘉播圓寂於藏曆第二「繞炯」（རབ་བྱུང་། rab byung/）[62]的水陽馬年（ཆུ་ཕོ་རྟ། chu pho rta/），即西元1102年（歲次壬午；即中國遼代乾統二年，北宋崇甯元年，西夏貞觀二年，大理開明六年）。

　　如同《薩迦世系史》等史料所載，薩迦初祖——貢嘎寧播十一歲時，其父——昆・貢秋嘉播圓寂，當時於占算中獲得了：「若能於一日內同時完成為父舉行圓寂經懺、外塔（建於戶外之舍利塔）奠基、寺院座主（薩迦寺主）升座等大事，則於未來可圓滿繼任」之預示。故薩千・貢嘎寧播聽從母親的意見，願尊奉父親的上師——巴日大譯師為師。貢嘎寧播並自念年紀尚幼，故願將薩迦大法座交先付給其父之師——巴日大譯師掌理。此後即從「玉喀摩」（གཡུ་མཁར་མོ། gyu mkhar mo/）地方迎請了巴日大譯師，並尊奉巴日譯師為上師，向其學習佛法。巴日大譯師受迎請至薩迦寺後，貢嘎寧播於一日中首先擇一懸崖高處堆積起二塊紅岩，於此岩台上舉辦了經懺法會，再者為外塔奠基，並將薩迦大法座交付予巴日大譯師執掌。以此於一日內即同時完成了前述占算所預示的三大事。此後薩千・貢嘎寧播從其上師——巴日大譯師的指示：汝為汝父身後之子，當學習佛法，學習佛法需要慧能，而慧能智慧之本尊為文殊菩薩，故應修持「阿剌巴雜拿」（五字文殊）之法門，誦修其咒。如是薩千・貢嘎寧播於其上師跟前領受此法門後遵從指導，精進閉關修持此「聖・妙吉祥」（文殊菩薩）法門六

60　蔡巴・貢嘎多吉：《紅史》，陳慶英、周潤年 譯，拉薩：西藏人民出版社，2014年6月，第37頁。

61　廓諾・迅魯伯：《青史》，郭和卿 譯，拉薩：西藏人民出版社，2003年。

62　「藏曆同樣也是60年一個輪迴週期，藏語稱作「繞炯」（རབ་བྱུང་། rab byung/，漢譯：勝生周），異於中國所稱之「甲子」。第一繞炯自西元1027年開始紀年，藏曆稱作火陰兔年。」參見筆者拙著：吉祥賢居士編著：《藏曆與藏密修持》，台北：喜旋文化出版工作室，2011年5月初版，第29頁。

個月後親見文殊菩薩，並受文殊菩薩當面授予其四句《離四貪戀》的修心法要。此薩千・貢嘎寧播閉關時親見文殊菩薩的聖窟岩洞，今位於西藏薩迦縣薩迦北寺的「拉帳夏」（ བླ་བྲང་ཤར། bla brang shar/，漢譯：東殿）之中。

（一）薩千・貢嘎寧播於何年將薩迦法座交付給巴日譯師？

依據當代「度母宮」（ སྒྲོལ་མ་ཕོ་བྲང་། sgrol ma pho brang/ ）薩迦法王所示予筆者的「歷任薩迦法座傳承表」（THRONE HOLDERS OF THE SAKYA LINEAGE）[63]中記載，若遵從薩迦大法座第二任座主——巴日大譯師主持薩迦法座的任期（西元1103年至西元1110年）來看，巴日大譯師無疑於西元1103年受薩千・貢嘎寧播請託而升座接掌薩迦大法座。再依據藏文版《歷代薩迦赤巴傳》[64]中亦載明，巴日大譯師於歲壽六十三歲時（西元1103年）如何應貢秋嘉播之請而到薩迦寺授法，以及如何於貢嘎寧播所進行的一日內完成三大事中接受薩迦法座等事蹟。由此即說明了西元1102年薩迦大法座第一任座主——昆・貢秋嘉播圓寂當時，十一歲的薩千・貢嘎寧播並未在西元曆法所記的1102年該年中完成占算所預示的三大事，而是於再度迎請巴日譯師後的西元1103年，方圓滿完備了此等大事。

（二）薩千・貢嘎寧播於何年、何歲壽時受文殊菩薩親授《離四貪戀》修心法要？

由前述歷史背景以及上述（一）的結論可知，薩千・貢嘎寧播於十二歲時（西元1103年）完成了於一日中同時舉行經懺法會、為外塔奠基、將

---

63 吉祥賢居士 編著：《破曉——第39任薩迦法王傳》，台北，喜旋文化出版工作室/同喜文化出版工作室，2012年5月，第19頁，歷任薩迦法座傳承表（THRONE HOLDERS OF THE SAKYA LINEAGE），此表為當代第四十一任薩迦法王（1945- ）親授。

64 堪布索朗加措 著，藏文版《歷代薩迦赤巴傳》，拉薩：西藏人民出版社，2012年12月，第12頁。

第二章 《離四貪戀》修心法要的緣起　83

薩迦大法座交付予巴日大譯師執掌等三大事。於藏文版《歷代薩迦赤巴傳》之第三〈薩千・貢嘎寧播〉傳記[65]中亦明文記載：（貢嘎寧播）「十二歲」時在上師——巴日大譯師的口授指導下精進修持聖・妙吉祥文殊法門，由於消除了外在的危難與障礙，故親見了至尊度母；亦因消除了內在障礙，故親見至尊不動佛（ཇོ་བོ་མི་གཡོ་བ། jo bo mo gyo ba/，又譯：不動金剛或不動明王），並在閉關六個月後於大虹光幕帳之中親見了至尊妙吉祥（文殊菩薩），並受文殊菩薩口授諸甚深般若波羅蜜多法教等大恩教授。

故關於《離四貪戀》出現的時代背景，藉由上述諸藏漢語相關文獻的記載以及合理推論，即可確知薩千・貢嘎寧播於受文殊菩薩親授《離四貪戀》修心法要之時機，為其十二歲時的西元1103年，即藏曆第二繞炯的水陰羊年（ཆུ་མོ་ལུག chu mo lug），歲次癸未；亦即遼代乾統三年，北宋崇寧二年，西夏貞觀三年，大理天政元年。此時代背景當值公元十二世紀初，為著名「薩迦五祖」[66]大展弘法事業之前的預備時期。論此時期的前後關係，於前，承接了薩迦五祖之前薩迦昆族先祖們遺留下來的新舊譯派密續正值交接時期的過渡期學說；於後，則開啟了薩迦二祖、三祖、四祖，乃至五祖八思巴法王的弘揚新譯派密續時代，至後薩迦派已儼然成為中國元朝的國教，其重要的哲學思想亦隨該教派的興盛而遠弘於蒙古與漢地的皇室信仰中。

四、《離四貪戀》的各種藏文釋論版本比較

《離四貪戀》哲學思想，自公元十二世紀初（西元1103年）文殊菩薩親授予薩迦初祖——薩千・貢噶寧播一頌（四句頌偈）以來，歷代薩迦派

---

65 同前注，藏文版《歷代薩迦赤巴傳》，第16頁。

66 薩迦五祖：薩迦初祖——薩千・貢嘎寧播（1092－1158）、二祖——索南孜摩（1142－1182）、三祖——札巴嘉稱（1147－1216）、四祖——薩迦班智達・貢嘎嘉稱（1182－1251）、五祖——八思巴・洛卓嘉稱（1235－1280）。

上師、賢德們對此薩迦派主要思想之一的簡短頌偈，皆有所注釋與闡發，形成了篇幅不同的各種釋論版本，例如：公元十二至十三世紀時，薩迦三祖——傑尊・札巴嘉稱、薩迦四祖——薩迦班智達、奴巴・日錦札等三位祖師，公元十四至十五世紀時薩迦支派的哦巴創派宗師——哦千・貢噶桑播、拿旺雷祝等二位祖師，以及公元十五世紀時的哦寺方丈——果讓巴・索南興給等，皆相繼造有不同釋論。現就目前所知之相關文本，將現存的薩迦派《離四貪戀》各種藏文釋論文本名目（西元1949年以前）附錄於本節文後。

依據已故薩迦派茶巴支派座主——究傑企千仁波切[67]於其著作《離四貪戀》釋論[68]中的開示，自印度密宗至藏傳佛教，對於教法的傳授方式在傳統上分為三種：崇高尊者的開示、經院式的傳授、實修者的開示。

第一種、崇高尊者的開示，為於藏傳佛教之教派中地位崇高、持有法座、修證極高，且能自在、任運地以各種語言，自然流暢地闡述法要、彰顯義理。例如當代的薩迦法王[69]，其對《離四貪戀》之闡釋，有義大利出版之英文文本[70]等。

第二種、經院式的傳授，為各佛學院或經院中的傳法、教授、研究與探討。諸寺院堪布、經師等傳授者不僅依據文本通篇開解、逐句講授、逐字解析，亦引舉佛陀所傳經教以及隨後歷代印藏諸賢哲大德的注疏論典，再加舉要論證。

第三種、實修者的開示，即實修者通過對文本的實修獲得成就之後，

---

67 薩迦派茶巴支派座主——究傑企千仁波切，Chogye Trichen Rinpoche, 1919－2007。

68 Chogye Trichen Rinpoche, Parting from the Four Attachments, Jetsun Drakpa Gyaltsen's Song of Experience on Mind Training and the View, Commentary translated by Thubten Choedak, New York：Snow Lion Publications, 2003, pp. 77.

69 當代第四十一任薩迦法王——拿旺貢嘎帖千班鈸聽列散培旺基嘉播（1945－　）

70 His Holiness Sakya Trizin, Parting from the Four Attachments, Italy：Shang Shung Publications, 2011.

依據此證悟過程中的實修經驗作開示。

　　本書所據之藏文文本《傑尊・札巴嘉稱造：離四貪戀》即屬第三種傳授方式，為薩迦三祖——傑尊・札巴嘉稱經由實修《離四貪戀》法要之後所獲證悟的實修體驗。

　　以下附錄所搜集之內容，為就筆者目前所知西元1949年以前《離四貪戀》的各種藏文釋論版本，而本文的主要研究對象：《傑尊・札巴嘉稱造：離四貪戀》釋論，即為下列「文本二」所收錄之版本，同時亦為本書的最主要核心——第五章「《傑尊・札巴嘉稱造：離四貪戀》教誡之譯注」之主要依據文本。於上述關於傳授教法的三種傳統闡釋方式中，此文本即為其中之第三種、實修者的開示類型。

附錄：薩迦派《離四貪戀》的各種現存藏文釋論文本（西元1949年以前）

　　凡例：

　　1. 以下書名號（《》）內的文本名稱，為筆者重新由藏譯漢。

　　2. 　以下附錄中所列舉七種文本中，「文本一」至「文本六」等六種文本皆參考自《續部總集》第23函《修心離四貪戀法類》（第481－536頁）中的析出文獻。本文採用的藏文原典版本，即收錄於此藏文木刻版《修心離四貪戀法類》中之《傑尊・札巴嘉稱造：離四貪戀》，第482－486頁。

　　3. 　以下附錄中，僅「文本七」為參考自德格版《果窩然降巴・索南興給文集》（༄ གོ་བོ་རབ་འབྱམས་པ་བསོད་ནམས་སེང་གེའི་གསུང་འབུམ། go bo rab 'byams pa bsod nams seng ge'i gsung 'bum/；簡稱《遍智文集》，༄ ཀུན་མཁྱེན་བཀའ་འབུམ། kun mkhyen bka' 'bum/）第8函。

　　4. 附錄中所說明之頁碼及頁數均為西式頁面形式。

文本一：文殊師利菩薩授予薩千・貢嘎寧播（ས་ཆེན་ཀུན་དགའ་སྙིང་པོ། sa chen kun dga' snying po, 1092－1158）《離四貪戀》（ཞེན་པ་བཞི་བྲལ། zhen pa bzhi bral/）一偈……第482頁，僅四句。

文本二：薩迦三祖——傑尊・札巴嘉稱（རྗེ་བཙུན་གྲགས་པ་རྒྱལ་མཚན། rje btsun grags pa rgyal mtshan, 1147－1216）造《傑尊・札巴嘉稱造：離四貪戀》（ ༄༅། །རྗེ་བཙུན་གྲགས་པ་རྒྱལ་མཚན་གྱིས་མཛད་པའི་ཞེན་པ་བཞི་བྲལ་བཞུགས་སོ། //rje btsun grags pa rgyal mtshan gyis mdzad pa'i zhen pa bzhi bral bzhugs so/）釋論……第482－486頁，共占5頁數。

文本三：薩迦四祖——薩迦班智達・貢噶堅贊（ས་སྐྱ་པནྜི་ཏ་ཀུན་དགའ་རྒྱལ་མཚན། sa skya pandi-ta kun dga' rgyal mtshan, 1182－1251）造《薩班造：離四貪戀口訣教授》（ ༄༅། །ས་པཎ་གྱིས་མཛད་པའི་ཞེན་པ་བཞི་བྲལ་གྱི་གདམས་ངག་གོ། //sa paN gyis mdzad pa'i zhen pa bzhi bral gyi gdams ngag go/）釋論……第486－487頁，共占2頁數。

文本四：奴巴・日錦札（ནུབ་པ་རིག་འཛིན་གྲགས། nub pa rig 'dzin grags）造《奴巴・日錦札造：離四貪戀》（ ༄༅། །ནུབ་པ་རིག་འཛིན་གྲགས་གྱིས་མཛད་པའི་ཞེན་པ་བཞི་བྲལ་བཞུགས་སོ། // nub pa rig 'dzin grags gyis mdzad pa'i zhen pa bzhi bral bzhugs so/）釋論……第487－489頁，共占3頁數。

文本五：哦千・貢嘎桑播（ངོར་ཆེན་ཀུན་དགའ་བཟང་པོ། ngor chen kun dga' bzang po, 1382-1456）開示《離四貪戀之講義——傑喇嘛・阿難達拔札之開示語》（ ༄༅། །ཞེན་པ་བཞི་བྲལ་གྱི་ཁྲིད་ཡིག་རྗེ་བླ་མ་ཨཱ་ནནྡ་བྷ་དྲའ་གསུང་སྒྲོས་བཞུགས་སོ། // zhen pa bzhi bral gyi khrid yig rje bla ma a'nanda bha dra' gsung sgros bzhugs so/）釋論……第492－521頁，共占30頁數。

文本六：拿旺雷祝（ངག་དབང་ལེགས་གྲུབ། ngag dwang legs grub）造《修心離四貪戀之講義——強森・貢噶雷仁造，名曰：摩尼澄水珠項鍊》（ ༄༅། །ཀྲི་སྨོར་

ཞེན་པ་བཞི་བྲལ་གྱི་ཁྲིད་ཡིག་བྱང་སེམས་ཀུན་དགའ་ལེགས་རིན་གྱིས་མཛད་པའི་འཆང་ཟབས་ནོར་བུ་ཀེ་ཏ་ཀའི་དོ་ཤལ་ཅེས་བྱ་བ་བཞུགས་སོ། //blo sbyong zhen pa bzhi bral gyi khrid yig byang sems kun dga' legs rin gyis mdzad pa'i 'chang zabs nor bu ke ta ka' do shal ces bya ba bzhugs so/）釋論……第521－535頁，共占15頁數。

文本七：哦寺方丈──果讓巴・索南興給（གོ་བོ་རབ་འབྱམས་པ་བསོད་ནམས་སེང་གེ། go bo rab 'byams pa bsod nams seng ge, 1429－1489）造《修心離四貪戀之講義──深義要點之鑰》（ༀ །།བློ་སྦྱོང་ཞེན་པ་བཞི་བྲལ་གྱི་ཁྲིད་ཡིག་ཟབ་དོན་གནད་ཀྱི་ལྡེའུ་མིག་ཅེས་བྱ་བ། //blo sbyong zhen pa bzhi bral gyi khrid yig zab don gnad kyi lde'u mig ces bya wa/）釋論……《遍智文集》第8函，第461－474頁，共占14頁數。

第三章 《傑尊・札巴嘉稱造：離四貪戀》教誡之造論者——薩迦三祖 傑尊・札巴嘉稱

本章內容，首先概述薩迦三祖——傑尊・札巴嘉稱之家族背景，即對其上溯三代先祖的概況及思想傳承體系稍作介紹，文中並對薩迦創派祖師、薩迦初祖、薩迦法座持有者等不同的概念作剖析與釐清。以及針對造論者——札巴嘉稱祖師，及其師承、所學、著作等情況作概要闡述。後於第三節中，以「《離四貪戀》在薩迦教派史上的意義」為薩迦五祖的時代做縱向的貫串連繫，以呈現《離四貪戀》修心法要在薩迦派中的沿革變化與影響。

一、薩迦三祖——傑尊・札巴嘉稱之家族背景

　　如同本文第一章「《離四貪戀》修心法要概說」所述，藏傳佛教薩迦派所修持的主要法教，多數屬於新譯派密乘，但於著名的「薩迦五祖」之前，薩迦派昆氏（འཁོན། 'khon/）家族的歷代先祖，皆是以修習傳承自蓮花生大士的舊譯派密乘為主。直至 昆・貢秋嘉播祖師時，依其兄長所指示：「現今密咒乘已升起了堪稱行為紊亂之時，今後修持舊密的成道者之性相已稀少。吾人具有此諸性相，應追尋屬於自己的大灌頂（受灌頂後方能起修該密法），宜將吾之經函、三依[71]等，伏藏隱匿起。」[72]故貢秋嘉播將其兄長所持的佛像、經函、佛塔等舊譯派三所依全部埋藏於塔中，另行重新尋覓直接傳承自印度的密法。但當夜，屬舊譯派「八大法行」中的「真、普二尊」[73]（ཡང་ཕུར་གཉིས། yang phur gnyis/）等本尊的專屬秘密護法「嘎堆」（དཀར་བདུད། dkar bdud/）以因緣具足而示現，勸請貢秋嘉播繼續留存此二法門；隔日貢秋嘉播旋即開塔，起出此二種本尊法門，重新掘藏，故此二種

---

71 三依，又稱：三所依、三福田。主要指佛教身、語、意等三身之所依。其中，身所依以佛像做為代表，語所依以經典（經函）做為代表，意所依以佛塔（舍利塔）做為代表。

72 阿旺貢嘎索南 編著：《薩迦世系史》上冊（ཨོཾ༎ དཔལ་ས་སྐྱའི་གདུང་རབས་རིན་ཆེན་བང་མཛོད༎ སྟོད་ཆ།）藏文，拉薩：西藏人民出版社，2012年11月，第58頁。

73 真、普二尊：真實黑如嘎、普巴金剛等二尊本尊。真實黑如嘎（ཡང་དག་ཧེ་རུ་ཀ། yang dag he ru ka/），為八大法行中《真實意續部》所出之「意」本尊；普巴金剛（རྡོ་རྗེ་ཕུར་པ། rdo rje phur pa/），為八大法行中《普巴事業續部》所出之「事業」本尊。

薩迦三祖──傑尊‧札巴嘉稱造像（西藏東部，17世紀）
此聖像經老 祿頂堪千仁波切開示為薩迦三祖 札巴嘉稱祖師之
青年時期相貌

舊譯派「八大法行」的法門得以繼續在薩迦派的傳承中傳續至今，並成為了「不滅法」（無法摧滅的長存法門）。

　　昆‧貢秋嘉播原來向父兄們學習祖父所傳的舊譯派密乘法教，後來貢秋嘉播的兄長更建議他，以其正值青壯，應另外學習新譯派密乘法教，故建議貢秋嘉播宜向精通此學的　卓彌譯師‧釋迦耶些（འབྲོག་མི་ཤཀྱ་ཡེ་ཤེས། ’brog mi sh’a-kya ye shes/，994－1078）學習。昆‧貢秋嘉播先於　欽譯師（འཁྱིན་ལོ་ཙ་བ། ’khyin lo ts’a ba/）跟前領受新譯派密乘的喜金剛本尊灌頂，以及聽聞此本尊的密續教學。但尚未學完時欽譯師已圓寂，故依其兄長指示，即前往師承卓彌譯師，繼續學習該法要。貢秋嘉播於卓彌譯師跟前即領受了部分的道果法類，以及三續部之廣長解釋。後來陸續師承了　桂譯師（འགོས་ལོ་ཙ་བ། ’gos lo ts’a ba/）、瑪譯師（རྨ་ལོ་ཙ་བ། rma lo ts’a ba/）、巴日大譯師（བ་རི་ལོ་ཙ་བ། ba ri lo ts’a ba/）等諸多上師，於聞持領受了灌頂、講解、口訣教授之後，成為了通達所有一切新舊譯密法（སྔགས་གསར་རྙིང་། sngags gsar rnying/）之主。故昆‧貢秋嘉播身處的時代，即當處於薩迦派自舊譯派密乘過渡至新譯派密乘的轉捩時期。

　　公元十一世紀末葉，於藏曆第一繞炯的水陰牛年（ཆུ་མོ་གླང་། chu mo glang/，歲次癸丑，西元1073年）室宿月[74]的上弦日序，昆‧貢秋嘉播於後藏地區薩迦縣的奔播山麓創建了金剛座吉祥薩迦寺（薩迦北寺），成為了薩迦法座的第一任座主，藏族歷史上各史家多將此年定義為薩迦派的創派之年。昆‧貢秋嘉播雖為薩迦寺的建立者，亦受公認為薩迦派的創派者，但於藏族歷史中廣受尊稱的「薩迦五祖」之首，卻為其子──薩千‧貢嘎寧播。

　　薩千‧貢嘎寧播除了繼承其父所傳下的新舊譯密法，亦追隨薩迦法座第二任座主──巴日大譯師領受道果等甚深法教。如上一節所述，貢嘎

---

74 室宿月（ཁྲུམས་ཟླ། khrums zla/），月望於二十八宿中的室、壁兩宿，故得名室宿月，當月值逢藏曆七月十六日至八月十五日。

寧播在巴日譯師的指導下閉關精修文殊法門，並於六個月後親見文殊菩薩，並受文殊菩薩當面授予《離四貪戀》修心法要，如同《薩迦世系史》所載，當時有七把連貫的寶劍（文殊菩薩之手幟法器）融入貢嘎寧播的心間。此緣起之事蹟，顯示了該氏族——薩迦昆族為純屬文殊菩薩所幻化，並特別詮釋為文殊菩薩氏族降臨之緣起。西元1111年，薩千・貢嘎寧播陞座成為薩迦法座第三任座主，在正式陞任薩迦寺座主之後，「……在以後的四十多年，他有不少弟子，從此，薩迦派日漸興盛起來了，故他被薩迦派尊為薩千（意為薩迦大師），成為薩迦派第一祖。」[75]。

　　薩迦初祖——薩千・貢嘎寧播，於巴日大譯師等諸位上師的跟前不僅領受了顯密等諸多經教及密續，同時亦兼領受了薩迦道果法要的遠傳以及近傳等二種極珍貴的傳承，為真正將薩迦派的顯密法教廣泛弘揚之首要開創者。此後，貢嘎寧播所生四子中之次子——薩迦二祖洛奔・索南孜摩（སློབ་དཔོན་བསོད་ནམས་རྩེ་མོ། slob dpon bsod nams rtse mo/，阿闍梨・福澤頂尖，1142－1182）於西元1159年繼其父位，成為薩迦法座第四任座主。

二、薩迦三祖——傑尊・札巴嘉稱及其師承與思想傳承體系

　　依據藏文版《薩迦世系史》記載[76]，薩千・貢嘎寧播之第三子——薩迦三祖傑尊仁波切・札巴嘉稱（རྗེ་བཙུན་རིན་པོ་ཆེ་གྲགས་པ་རྒྱལ་མཚན། rje btsun rin po che grags pa rgyal mtshan/，至尊珍貴寶・稱譽勝幢，1147－1216）降生於藏曆第三「繞炯」之火陰兔年（歲次丁卯）十一月十八日，其降生因緣為其母親曾夢見具足吉祥之龍王祥兆。札巴嘉稱自幼聰穎，年滿八歲時於強森達瓦嘉稱（བྱང་སེམས་ཟླ་བ་རྒྱལ་མཚན། byang sems zla ba rgyal mtshan/，菩提心月勝幢）跟前受梵行居士戒（又稱：梵行近事戒），從此敬奉並服侍出家之

---

75 班班多杰：《藏傳佛教思想史綱》，上海：三聯書店上海分店，1992年，第190頁。

76 阿旺貢嘎索南 編著：藏文版《薩迦世系史》上冊（ཨོཾ།། དཔལ་ས་སྐྱའི་གདུང་རབས་རི་མཚར་བང་མཛོད།། སྟོད་ཆ།），拉薩：西藏人民出版社，2012年11月，第98頁。

比丘尊者與僧眾。十歲時聽聞修持《二十律儀》及《海生成就法》。十一歲時即能宣說一切，生起稀有之相，故受尊稱為「羅卓千播」（བློ་གྲོས་ཆེན་པོ། blo gros chen po/，大智慧）。十二歲時於夢中獲得了喜金剛《三續》（喜金剛本尊的根本續、共通釋續及不共釋續等三續），醒後一切法之真如自性皆已了然於胸，謹記於心。此年其父──薩千・貢嘎寧播圓寂，故札巴嘉稱為此建起一大法輪，行廣大佛行事業，即為其弟子宣說了《二品續》[77]（བརྟག་གཉིས། brtag gnyis/），成為了稀有殊勝之賢達。

傑尊・札巴嘉稱十三歲時，其兄長前往「衛」（དབུས། dbus/，前藏）地方，自此歲壽至七十歲之間，札巴嘉稱皆從事為續（སྔགས། sngags/，佛教密宗之文獻，又稱密續，英譯：tantra）作注解釋義；對於密宗法門之範圍，其上師若示以機密，則在其九至十三歲間皆未作誦念。在此期間，札巴嘉稱祖師師承了：洛奔仁波切（སློབ་དཔོན་རིན་པོ་ཆེ། slob dpon rin po che/，即其兄長：薩迦二祖 洛奔・索南孜摩）、念・柱朵嘉播（གཉན་གཙུག་ཏོར་རྒྱལ་པོ། gnyan gtsug tor rgyal po/）、霞・楚欽札（ཞལ་ཚུལ་ཁྲིམས་གྲགས། zhal tshul khrims grags/）等多位上師，領受了四部密續的諸多法教。例如：

無上瑜伽部密續之《喜金剛根本續》、《釋續》及所有注釋、成就法等許多不同的闡釋文本；《勝樂金剛根本續》、《釋續》、支分（支分續）等所有法門等，約計五大類。

瑜伽部密續中《攝真實》續（དེ་ཉིད་འདུས་པ། de nyid 'dus pa/）[78]之根本、注釋、同分等三續；及《金剛頂》（རྡོ་རྗེ་རྩེ་མོ། rdo rje rtse mo/，即《攝真實》

---

77 《二品續》：即喜金剛三續中之根本續，以其有前後二品而得名。此密續於一些近代漢語文獻中常被依字面直譯或誤解為「第二品」。

78 瑜伽部所依之密續分三：根本續、注釋續、同分續。其中根本續即《攝真實》續，分四品：〈金剛界〉品、〈降三世〉品、〈遍調伏〉品、〈義成就〉品。詳見筆者拙著：《破曉──第39任薩迦法王傳》，吉祥賢居士編著，台北：喜旋文化出版工作室，2012年5月，第107頁。

根本續之注釋續）、《吉祥最勝最初》（དཔལ་མཆོག་དང་པོ། dpal mchog dang po/）、即《攝真實》根本續之同分續）、《淨治續》等，約計四大類。

行部密續中之《不動佛之大品》等諸多密續。

以及事部密續中之《秘密總續》（གསང་བ་སྤྱི་རྒྱུད། gsang ba spyi rgyud/，即「事部總續」四續中之第一續：《佛說曼荼羅》續）、《妙臂》（དཔུང་བཟང་། dpung bzang/，即「事部總續」四續中之第三續：《妙臂問》續）等二部密續。

此外對於經（མདོ། mdo/，佛教顯宗之文獻，英譯：sutra）、曆算、口訣等無數法要，皆能於聽聞後令人不可思議地記憶於心中，並能以此無誤地誦修、宣說，毫無差池。

於講、辯、著（宣講、辯論、著作）等三才上，首先於宣講、教授方面，於宣講前無論講題之經典如何難以理解，傑尊・札巴嘉稱祖師不需預先備課預習，即能充分掌握了解；於宣講授業時，能以深入淺出的方式宣說法教，令聽聞者易於領會。其次於辯經、辯論方面，接受對方辯論者的問難挑戰時，能以無礙之辯才引經據典，廣泛地引用各種佛教經典逐一解答反辯，解除了對辯者的疑慮或破除其邪見。於著作方面，傑尊・札巴嘉稱新著之善說釋論經典有：《道果傳承祈請文》（ལམ་འབྲས་བརྒྱུད་པའི་གསོལ་འདེབས། lam 'bras brgyud pa'i gsol 'debs/）、《二品續之解釋等》釋論（བཏག་གཉིས་ཀྱི་འགྲེལ་པ་དག་ལྡན། brtag gnyis kyi 'grel pa dag ldan/）、《三續之現證珍寶樹》（རྒྱུད་གསུམ་གྱི་མངོན་རྟོགས་རིན་པོ་ཆེའི་ལྗོན་ཤིང་། rgyud gsum gyi mngon rtogs rin po che'i ljon shing/，即喜金剛《三續》之現觀及證悟法）、《鈴杵之性相》（རྡོར་དྲིལ་གྱི་མཚན་ཉིད། rdor dril gyi mtshan nyid/）以及《上師五十頌之注解》（བླ་མ་ལྔ་བཅུ་པའི་ཊི་ཀ bla ma lnga bcu pa'i T'i-ka，即《上師五十頌》之注釋本）等，計約四十九部。關於誦修之能依類著作有：《空行成就法》（མཁའ་སྤྱོད་སྒྲུབ་ཐབས། mkha' spyod sgrub thabs/）、《文殊真實名經念頌法》（འཇམ་དཔལ་

མཚན་བརྗོད་འདོན་ཐབས། 'jam dpal mtshan brjod 'don thabs/）、《釋迦王之世系》
（ཤཱཀྱའི་རྒྱལ་པོའི་གདུང་རབས། sh'a－kya'i rgyal po'i gdung rabs/）、《西藏王統略
攝集要》（བོད་ཀྱི་རྒྱལ་པོའི་རྒྱལ་རབས་མདོར་བསྡུས་པ། bod kyi rgyal po'i rgyal rabs mdor
bsdus pa/）、《入行之科判》（སྤྱོད་འཇུག་གི་ས་བཅད། spyod 'jug gi sa bcad/，即《
入菩薩行論》之章節目錄）、《大道情》（ཉམས་དབྱངས་ཆེན་མོ། nyams dbyangs
chen mo/）等諸法類、《醫術勝王府庫》（སྨན་དཔྱད་རྒྱལ་པོའི་དཀོར་མཛོད། sman
dpyad rgyal po'i dkor mdzod/）等，計約六十五部。

　　傑尊‧札巴嘉稱所造的諸論典並未於小五明中「韻律學」（སྡེབ་སྦྱོར།
sdeb sbyor/，又稱聲律學、綴文法）的根本要點上著墨，而是以即時利益為
目的而創作，其論著中所詮釋的內容文辭和悅動聽，易於通達領悟，能令
耳聞之諸賢達心生意樂，沉醉其中[79]。由此可知以深入淺出、言簡意賅而自
然生動的宣講方式，為其所著論典的風格表現特色之一。此外，札巴嘉稱
所造之旁注與法輪寫卷有：《道果除障殊勝三灌解脫道之能依催促》（ལམ་
འབྲས་གེགས་སེལ་མཆོག་དབང་གསུམ་གྲོལ་ལམ་ལ་བརྟེན་ཏེ་བསྐུར་བ། lam 'bras gegs sel mchog
dbang gsum grol lam la brten te bskur wa/）、《淨治續》（སྦྱོང་རྒྱུད། sbyong
rgyud/）、《二十一度母禮贊之現證》（ཕྱག་འཚལ་ཉེར་གཅིག་གི་མངོན་རྟོགས། phyag
'tshal nyer gcig gi mngon rtogs/，即《二十一度母禮贊》之現觀及證悟法）
等，計約十部。

　　依據藏文古籍刻本1736年德格版《薩迦五祖文集》（ༀ༎ དཔལ་ལྡན་ས་སྐྱ་
པའི་བཀའ་འབུམ། DPAL LDAN SA SKYA PA'I BKA' 'BOM, The Collected Works
of the Founding Masters of Sa-skya），印度 新德里（New Delhi）：薩迦
中心（SAKYA CENTER），1993年出版，美國紐約藏傳佛教資源中心（Ti-
betan Buddhist Resource Center, New York, USA）掃描。該文集全部共計十
五函，其中四函之概況為：

_____

79 參見前注之藏文版《薩迦世系史》上冊，第110頁。

第6函（པོད་བཞི་པ། ཆ，Part 1, Volume 6 'Cha'）錄有《密續之現證珍寶樹》（རྒྱུད་ཀྱི་མངོན་པར་རྟོགས་པ་རིན་པོ་ཆེའི་ལྗོན་ཤིང་། rgyud kyi mngon par rtogs pa rin po che'i ljon shing/）、《續部總建立與密續之現證總義科判》（རྒྱུད་སྡེ་སྤྱིའི་རྣམ་གཞག་དང་རྒྱུད་ཀྱི་མངོན་པར་རྟོགས་པའི་སྟོང་ཐུན་ས་བཅད་བཞུགས་སོ། ། rgyud sde spyi'i rnam gzhag dang rgyud kyi mngon par rtogs pa'i stong thun sa bcad bzgugs so/ /）、《妙法大乘阿毗達磨集論之性相極甚顯明》（དམ་པའི་ཆོས་མངོན་པ་ཀུན་ལས་བཏུས་པའི་མཚན་ཉིད་རབ་ཏུ་གསལ་བ་ཞེས་བྱ་བ་བཞུགས་སོ། ། dam pa'i chos mngon pa kun las btus pa'i mtshan nyid rab tu gsal ba zhes bya ba bzhugs so/ /）等，共計8項，全函總計699西式頁面；

第7函（པོད་བཞི་པ། ཇ，Part 2, Volume 7 'Ja'）錄有《聖・金剛幕莊嚴注釋》（འཕགས་པ་རྡོ་རྗེ་གུར་གྱི་རྒྱན་ཞེས་བྱ་བའི་རྣམ་འགྲེལ། 'phags pa rdo rje gur gyi rgyan zhes bya wa'i rnam 'grel/）、《十四根本墮罪之解釋・明目舍離紊亂》（རྩ་བའི་ལྟུང་བ་བཅུ་བཞི་པའི་འགྲེལ་པ་གསལ་བྱེད་འཁྲུལ་སྤོང་བཞུགས་སོ། ། rtsa wa'i ltung wa bcu bzhi pa'i 'grel pa gsal byed 'khrul spong bzhugs so/ /）、《皈依與發心之儀軌》（སྐྱབས་སུ་འགྲོ་བ་དང་སེམས་བསྐྱེད་པའི་ཆོ་ག་བཞུགས་སོ། ། skyabs su 'gro ba dang sems bskyed pa'i cho ga bzhugs so/ /）等，共計13項，全函總計751西式頁面；

第8函（པོད་བཞི་པ། ཉ，Part 3, Volume 8 'Nya'）錄有《度母日靜夜忿成就法與讚頌等》（སྒྲོལ་མ་ཉིན་ཞི་མཚན་ཁྲོའི་སྒྲུབ་ཐབས་དང་བསྟོད་པ་སོགས། sgrol ma nyin zhi mtshan khro'i sgrub thabs dang bstod pa sogs/）、《淨惡趣續之總義》（ངན་སོང་སྦྱོང་རྒྱུད་ཀྱི་སྤྱི་དོན་བཞུགས་སོ། ། ngan song sbyong rgyud kyi spyi don bzhugs so/ /）、《各成就法種類》（སྒྲུབ་ཐབས་སོ་སོའི་ཡིག་སྣ་བཞུགས་སོ། ། sgrub thabs so so'i yig sna bzhugs so/ /）等，共計12項，全函總計799西式頁面；

第9函（པོད་བཞི་པ། ཏ，Part 4, Volume 9 'Ta'）錄有《菩提薩埵律儀顯明宣講二十頌偈之注疏》（བྱང་ཆུབ་སེམས་དཔའི་སྡོམ་པ་གསལ་བར་སྟོན་པ་སློ་ཀ་ཉི་ཤུ་པའི་རྣམ་པར་

བདག་པ་བཤགས་སོ།།) byang chub sems dpa'i sdoh pa gsal bar ston pa sho-lo ka nyi shu pa'i rnam par bshad pa bshugs so/ /)、《入菩薩行論之攝義》（བྱང་ཆུབ་ སེམས་དཔའི་སྤྱོད་པ་ལ་འཇུག་པའི་བསྡུས་དོན་བཞུགས་སོ།།) byang chub sems dpa'i spyod pa la 'jug pa'i bsdus don bzhugs so/ /)、《醫術勝王府庫》（གསོ་དཔྱད་རྒྱལ་པོའི་དཀོར་ མཛོད་བཞུགས་སོ།།) gso dpyad rgyal po'i dkor mdzod bzhugs so/ /）等，共計13項，全函總計801西式頁面。

以上四函名為《札巴嘉稱文集》（གྲགས་པ་རྒྱལ་མཚན་གྱི་བཀའ་འབུམ། grags pa rgyal mtshn gyi bka' 'bum/ ），其內收錄了由札巴嘉稱所造的所有現存的著論、釋論、注疏等藏文文獻。此等藏文原典內容可做為進一步研究傑尊・札巴嘉稱於佛教顯密哲學思想體系之詳細文獻。於其中之第9函內，第593－598頁所收錄之〈離四貪戀教誡〉（༄ ཞེན་པ་བཞི་བྲལ་གྱི་གདམས་པ་བཞུགས། zhen pa bzhi bral gyi gdams pa bzhugs/ ），即為傑尊・札巴嘉稱對《離四貪戀》修心法要所造之釋論文本。

西元1172年，傑尊・札巴嘉稱年約二十六歲時繼其兄長之位，陞座成為薩迦派第五任法座座主。根據札巴嘉稱祖師回憶，其二十一歲時於夢境中獲得了文殊菩薩對其授記（預言、懸記之意），稱其七世中皆將文殊菩薩作為本尊而修持。如同下段所述，薩迦昆族歷代祖師被視為是文殊菩薩化身，薩迦派更被視為保存、持有文殊菩薩教法之殊勝宗派；以此之故，薩迦三祖 札巴嘉稱並為其父薩迦初祖 貢嘎寧播所傳授之《離四貪戀》修心法要四句頌偈添造注釋，成為了史上第一篇《離四貪戀》的釋論文本：《傑尊・札巴嘉稱造：離四貪戀》[80]。

---

80 此文本依據藏文版《續部總集》第23函《修心離四貪戀法類》第482－486頁所載錄之內容。

三、《離四貪戀》在薩迦教派史上的意義

另依據藏文版《歷代薩迦赤巴傳》第五〈傑尊仁波切・札巴嘉稱〉[81]傳記所載，札巴嘉稱十三歲時，即擔負起北方雪域西藏金剛座吉祥薩迦聖教之重責；此時札巴嘉稱身為遍一切所知——聖・妙吉祥（文殊菩薩）心意的智慧領主之富貴者，忽然有法主上師 薩迦班智達之讚頌文：「理解一切所知廣照見……」[82]等頌偈，以贊文、稱讚等三頌揚以及三種信[83]腰鼓之形式於尊勝精舍宮殿之頂層敲擊奏鳴，如是傑尊・札巴嘉稱即親見了「了義」聖・妙吉祥。由札巴嘉稱諸多傳記所載的各種與文殊菩薩相應、獲得加持之事蹟，說明其亦為文殊菩薩所幻化之智慧傳承持有者。

此後，傑尊・札巴嘉稱之侄——薩迦四祖 薩迦班智達・貢嘎嘉稱（ས་སྐྱ་པཎྜི་ཏ་ཀུན་དགའ་རྒྱལ་མཚན། sa skya paNDi-ta kun dga' rgyal mtshan/，薩迦博學者・普喜勝幢，1182－1251）於西元1216年繼承其叔父之位，陞任為薩迦派第六任法座座主。薩迦班智達更為西藏歷史上廣受公認的文殊菩薩化身，亦為首位與蒙古皇室建立關係之薩迦派祖師。薩迦班智達師承其上師兼叔父——傑尊・札巴嘉稱，以文殊菩薩幻化之身對其叔父所造釋論《傑尊・札巴嘉稱造：離四貪戀》內容逐段加以添補疏解文字，此疏文不僅以獨到的闡釋角度為此釋論作精闢的詮釋，更為後世的閱讀者梳理出更明確的薩迦派哲學思想體系；另外薩迦班智達並對《離四貪戀》修心法要造有一篇精簡扼要的釋論：《薩班造：離四貪戀口訣教授》（༄༅། །ས་པཎ་གྱིས་མཛད་པའི་ཞེན་པ་བཞི་བྲལ་གྱི་གདམས་ངག་གོ། //sa paN gyis mdzad pa'i zhen pa bzhi bral gyi gdams ngag go/），詳見本書第六章第二節。

---

81 藏文版《歷代薩迦赤巴傳》（ཨ༐།དཔལ་ས་སྐྱའི་གདན་རབས།），堪布索朗加措 著，拉薩：西藏人民出版社，2012年12月，第32頁。

82 薩迦班智達讚頌文：「理解一切所知廣照見，眾生妙善成就悲心者，無邊事業造作威氣魄，文殊上師尊足虔禮敬！」等四句頌偈。

83 三種信：清淨信、勝解信、現求信。若合於三身，則身為清淨信、語為勝解信、意為現求信。

至後，薩班之侄——薩迦五祖八思巴‧羅卓嘉稱（འཕགས་པ་བློ་གྲོས་རྒྱལ་མཚན།
'phags pa blo gros rgyal mtshan/，聖者‧智慧勝幢，1235－1280），《西藏
王臣史》[84]載：「及法主薩班和皇子闊端，施（主）、受（供）二者皆入滅
後，薛禪大王即皇帝位，時八思巴大師年屆十九，則尊為帝師，授以『灌
頂國師』玉印，……」[85]。八思巴於西元1265年繼承其叔父之位，陞任為薩
迦派第七任法座座主。八思巴法王更成為了建立西藏地方勢力與元朝皇室
密切關係之首要者，並受忽必烈封為中國歷史上第一位大寶法王、大元帝
師。

　　諸多薩迦派的上師、智者大德們皆曾開示：「六波羅蜜多（六度）
中，智慧最為重要。」誠如寂天菩薩所開示：「若無智慧，所有的其他法
要、修道之道路則皆如同盲道。」故修行者因為具足了智慧，所行的各種
菩薩願行方能生起真正的功業，例如：無有智慧，若行佈施、持戒、安忍
等六度（六波羅蜜多）亦無意義與功效。以此之故，智慧即被視為精要、
精髓。由於聖‧妙吉祥（文殊菩薩）為一切諸佛智慧之體現，故諸菩薩中
以文殊菩薩最能代表智慧；以文殊菩薩能表徵廣大智慧，故極受古今以來
佛教中無數的上師、智者們所崇信與頌揚。

　　關於《離四貪戀》在薩迦教派史上的意義，可從文殊菩薩之於薩迦派
的影響與關係來作探討。由於持有薩迦派法座的昆族氏系被認為是文殊
菩薩的化身，歷代薩迦派祖師亦被認為是文殊傳承的持有者，故《離四
貪戀》修心法要自公元十二世紀初，由文殊菩薩親自授予薩迦初祖——貢
嘎寧播以來，此一薩迦派修心次第法要即受此「文殊傳承」的歷代祖師所
持有、保存及延續，以此之故，薩迦派的傳承在藏語中又被稱作「蔣揚薩
迦」（འཇམ་དབྱངས་ས་སྐྱ། 'jam dbyangs sa skya/），意為：妙吉祥薩迦，亦即「
文殊薩迦派」之意。對於發源自文殊菩薩傳承的《離四貪戀》修心法要自

---

84 五世達賴喇嘛 著：《西藏王臣史》，劉立千 譯著，北京：民族出版社，2002年9月。
85 同前註，第66頁。

薩迦五祖──八思巴・羅卓嘉稱

有其殊勝的緣起，並因其內容本身含攝了佛教顯密等宗以及所有大小乘的一切法教，此一修心法要自然在薩迦教派史上廣受弘傳，且意義非凡。其倍受重視之程度，可由薩迦派歷代祖師不斷對其注釋造論、廣作疏解等，造諸精妙之釋論，而得窺探其影響之深廣。

第四章《傑尊・札巴嘉稱造：離四貪戀》教誡之文本結構與思想體系

一、《傑尊・札巴嘉稱造：離四貪戀》釋論的結構分析

二、主要思想體系——如何從凡夫登至佛果的修道次第

三、主要思想體系——藏傳佛教三乘概念的共通與不共教義

一、《傑尊・札巴嘉稱造：離四貪戀》釋論的結構分析

　　猶如大藏經的《甘珠爾》（ བཀའ་འགྱུར། bka' 'gyur/，又譯：《佛說部》）等教法總集中所載錄的諸多顯宗經典[86]，往昔佛陀釋迦牟尼所宣說之遺教受弟子及後世信眾所記錄結集，經過嚴謹的梳理劃分後，大致形成了前、中、後等「三分」結構的簡潔科判，全稱「三分科經」。這種解釋華語佛教經論時，分科其文句段落的科文方法，在漢地最早源自晉代的釋道安（312－385）法師，此後漢傳佛教的漢譯佛經在傳統上將此「三分」結構稱作：序分、正宗分、流通分。最初道安法師於漢地首倡三分，但當時人們對此科判方法或有心生質疑，稍起疑慮；後來《佛地論》[87]的傳入中土，為道安法師的三分科判提供了佐證。印度親光菩薩等造，唐代玄奘（602－664）法師由梵譯漢的《佛地論》中，對三分科判乃主張：一、教起因緣分，二、聖所說分，三、依教奉行分。

　　佛經中的三分結構多為劃分情境式的內容所設，例如序分內容主要敘述往昔佛陀於何地？說何法？聽法之與會大眾為誰？的人、事、地等情境；如《金剛般若波羅蜜經》[88]〈法會因由分第一〉：「如是我聞。一時，佛在舍衛國祇樹給孤獨園，與大比丘眾千二百五十人俱。……」此為序分中之「通序」體例。正中分主要敘述佛陀說法時的法要內容，與說法當時的情境；如《佛說阿彌陀經》[89]：「爾時，佛告長老舍利弗……」流通分則

86　藏語 མདོ་སྡེ། （mdo sde/）；梵語 སཱུཏྲ（sutra），漢譯：蘇怛羅、蘇多羅、素咀纜，泛指記載佛教顯宗的經典。

87　中華佛典寶庫《大正新修大藏經》〔經集部類〕〔釋經論部〕，第二十六冊，No. 1530《佛地經論》，親光菩薩等造，唐代玄奘 譯。

88　中華佛典寶庫《大正新修大藏經》〔般若部類〕〔般若部〕，第八冊，No. 0235《金剛般若波羅蜜經》，姚秦 鳩摩羅什譯。

89　中華佛典寶庫《大正新修大藏經》〔寶積部類〕〔淨土宗類〕〔寶積部〕，第十二冊，No. 0366《佛說阿彌陀經》，姚秦 鳩摩羅什譯。

主要記敘佛說法後散會時的境況；如《妙法蓮華經》[90]〈妙法蓮華經普賢菩薩勸發品〉第二十八：「佛說是經時，普賢等諸菩薩，舍利弗等諸聲聞，及諸天、龍、人、非人等，一切大會，皆大歡喜，受持佛語，作禮而去。」故三分結構除了做為區別經文內容的差異之外，亦有助讀者依序次第理解經文涵義，作為分段敘述及剖析結構之用。

依據前薩迦派察巴支派座主——第十八任 究傑企千金剛持（1919－2007）仁波切所著《離四貪戀》釋論英譯版，此「《傑尊・札巴嘉稱造：離四貪戀》釋論」全文分：祈請、發願、正文、迴向等四個主要部分[91]。在此若與上述漢傳佛教顯宗傳統之三分結構做比較，《傑尊・札巴嘉稱造：離四貪戀》釋論中的祈請、發願等二個部分，相當於三分結構中的序分，內容雖非如傳統經文序分所著重於描述具體情境，但皆為申論「前義」的稽首部分，同為詮釋「教起因緣」。本釋論主要的正文部分，相當於正中分，內容結構皆為該文闡釋「正義」的主體部分，同為詮釋「聖所說」。而最後的迴向部分，則相當於流通分，內容雖非如傳統經文流通分般具體描述一特定情境，但結構上皆為該文表現「後義」之結束文體，同為詮釋「依教奉行」。故《傑尊・札巴嘉稱造：離四貪戀》釋論的初、中、後等完整的內容結構，體現了佛教詮釋方法中，次第拾級、循序漸進、首尾完備的圓滿模式。

若從本釋論的四個主要部分做分析，則概略結構如下（以下與科判相關之順序及名目，請參閱本文第五章之第一節「《傑尊・札巴嘉稱造：離四貪戀》釋論——科判」）：

首先造論者——札巴嘉稱以二首頌偈作為稽首，每偈四句，共計八

---

90 中華佛典寶庫《大正新修大藏經》〔法華部類〕〔法華部〕，第九冊，No. 0262《妙法蓮華經》，姚秦 鳩摩羅什譯。

91 Chogye Trichen Rinpoche, Parting from the Four Attachments, Jetsun Drakpa Gyaltsen's Song of Experience on Mind Training and the View, Commentary translated by Thubten Choedak, New York：Snow Lion Publications, 2003, pp. 78.

句，形成了第一部分的祈請、發願。

第一部分為：甲一、祈請文，包含第一頌偈，共計四句。其下再分二個部分：乙一、皈依禮敬，內容為第一頌偈的前二句；乙二、祈請加持，內容為第一頌偈的後二句。

第二部分為：甲二、發願與造論目的，包含第二頌偈，共計四句。其下再分二個部分：乙一、勸發願心，內容為第二頌偈的前二句；乙二、誓言造論與造論目的，內容為第二頌偈的後二句。

第三部分為：甲三、正文，內容主要闡釋《離四貪戀》四句根本頌偈之要義。其下再分四個大綱要：乙一、【若貪戀此生　非行者】；乙二、【貪戀輪迴　無出離心】；乙三、【貪戀己利　失菩提心】；乙四、【耽著生起　非正見】。乙一（第一句頌偈）之下主要為三個要目：丁一、持戒；丁二、聞思；丁三、禪修。乙二（第二句頌偈）之下主要為：丁一、苦苦；丁二、壞苦；丁三、行苦等三個要目。乙三（第三句頌偈）之下主要為：丙一、觀修慈悲（因）；丙二、自他交換（果）等二個要目。最後乙四（第四句頌偈）內容，為觀修寂止與勝觀等要項。其中「丙一、間接敘述：觀修寂止（止）」之下，主要為：丁一、離二邊之中道；丁二、唯識之共道次第；丁三、大乘中觀不共道等三個要目。而「丙二、直接敘述：觀修勝觀（觀）」之下的「了悟實相的四個相續次第」、「明空雙運」、「輪涅無別」等三要目內容，於原典中僅提及名目，並無明文詳加敘述，為筆者依據文義所作附加增補及簡述。

第四部分為：甲四、迴向，內容為一首頌偈。隨後並附造論者屬名與記事之題記一行。

此外，本《傑尊・札巴嘉稱造：離四貪戀》釋論中，關於薩迦第四祖——薩迦班智達祖師於各要點結尾處所增添之疏文內所提及之「間接教」與「直敘教」。

間接教（ཤུགས་ལས་བསྟན། shugs las bstan/）意即「間接敘述」或間接傳授；
直接教（དངོས་སུ་བསྟན། dngos su bstan/）意即「直接敘述」或直接傳授。間接
敘述相對於直接敘述，直接敘述為文本內容之論述中以文字直接提及；間
接敘述則為文本內容之論述未以文字直接提及，而以間接方式闡釋。此等
直接與間接闡述方式亦為本釋論之文體結構特色之一。

薩迦四祖──薩迦班智達辯經相

總說《離四貪戀》的藏傳佛教哲學思想，即令領受並修持此法要者[92]，從該頌偈中所闡述的四種耽戀貪著（the four attachments）中解脫。從薩迦派對空性的見地上來看，若概括此四句《離四貪戀》頌偈的要義，則可分為：

於「世俗」（ཀུན་རྫོབ། kun rdzob/）上，包含了不貪戀個人此生表象而短暫的安樂（第一句）、不貪戀輪迴世間虛妄不實的世俗價值（第二句）、不貪戀以個人利益為動機之私利（第三句）等，此為相對之真理。

於「勝義」（དོན་དམ། don dam/）上，則包含不貪戀任何見地（第四句），此為究竟、不可言詮之真理。但若全然執著於此為所謂的真理，即非真理。

第三世　宗薩欽哲仁波切曾開示：但於世俗中，所謂的「勝義諦」亦是世俗諦。意即為了用語言文字去形容、傳達勝義諦，如此被語言文字所形容、傳達的，都不過是世俗諦。

二、主要思想體系——如何從凡夫登至佛果的修道次第

若概括《離四貪戀》四句頌偈的思想體系，則為揭示一位佛教的修行者如何從凡夫登至佛果的明確修道次第。於《傑尊・札巴嘉稱造：離四貪戀》釋論的思想體系中，對於指引行者逐步於實踐道路上次第而修、拾級而上的進階過程，總分四個概略階段：

（一）凡夫如何開始從貪戀此生進階到捨棄世間八法

一般凡夫於生死輪迴中，只感受直接的感官享樂（五欲之樂），並多未能意識到世間享樂的本質是虛妄不實，因而一再沉迷於短暫的此生中，

---

92 藏傳佛教首重師承或傳承，任何顯密法門的獲得必有嚴謹的師承，一如中國儒家思想中的「傳道、授業、解惑」（韓愈《師說》）。故欲修持此法要必先從傳法上師處領受，而後方得如法修持。

故第一句口訣【若貪戀此生 非行者】，內容主要指導凡夫如何初入佛教法門。其目的為勸導如何屏除對此生的貪愛或眷戀，方法為應從執持戒律以及熏修聽聞、思維、禪修等「三慧」入門，次第階段為指導凡夫從貪戀此生進階到以捨棄「世間八法」為目標。

（二）自度者（小乘人）如何從三界輪迴進階到出離輪迴

凡夫自意識到不應貪戀此生，而應藉由修習佛法以達君子養德自好之後，便進入到第二個階段。第二句口訣【貪戀輪迴 無出離心】，內容主要指導初入佛教法門之修行者如何證得涅槃。其目的為勸導如何屏除對三界輪迴的貪愛或眷戀，方法為從苦苦、壞苦、行苦等「三苦」中體悟世間輪迴的過患而生起出離心，次第階段為指導行者從貪戀三界進階到以出離輪迴為目標。

（三）自度度人者（大乘人）如何從利己轉向利他的階段

行者體悟了應出離三界輪迴，以出離心斷除輪迴之苦後，即進入第三個階段。第三句口訣【貪戀己利 失菩提心】，內容主要指導願出離輪迴苦厄之修行者如何轉利己為自利利他。其目的為勸導如何斷除個人尋求自解脫的貪愛或眷戀，方法為從觀修慈心與悲心中體悟自他平等，次第階段為指導行者從自解脫的二乘人（聲聞乘、緣覺乘等二乘）進階到以自度度人的大乘菩薩為目標。

（四）大乘菩薩如何從世俗證悟至究竟的階段

行者從僅知自利的階段證悟至應以自利利他為目的後，即進入第四個階段。第四句口訣【耽著生起 非正見】，內容主要指導具足願行菩提心的大乘修行者如何從世俗的執著中昇華至究竟的實相。其目的為勸導如何破除對所有一切見的執著，方法為從離二邊之中道、唯識、中觀等哲學思想中體驗、證悟真如空性，次第階段為指導行者從世俗諦之執著實有，通過

「了悟實相的四個相續次第」的觀修，而進階到勝義諦之「明空雙運」、「輪涅無二」為目標（但於哲學的思辨上，此二者亦無所謂的目標可言。即在世俗中所談論的勝義諦，亦是世俗諦。詳見下文對「輪涅無二」一辭之論述）。

4.1 《離四貪戀》所指導如何從凡夫登至佛果之修道次第階段表

名目 對象	《離四貪戀》 四句頌偈	內 容	目 的	方 法	次第階段
1. 凡夫	第一句 【若貪戀此生 非行者】	指導凡夫如何初入佛教法門	勸導如何屏除對此生的貪愛或眷戀	應從執持戒律以及熏修聽聞、思維、禪修等「三慧」入門	指導凡夫從貪戀此生進階到捨棄「世間八法」
2. 自度者 （小乘人）	第二句 【貪戀輪迴 無出離心】	指導初入佛教法門之修行者如何證得涅槃	勸導如何屏除對三界輪迴的貪愛或眷戀	從苦苦、壞苦、行苦等「三苦」中體悟世間輪迴的過患而生起出離心	指導行者從貪戀三界進階到出離輪迴
3. 自度度人者（大乘人）	第三句 【貪戀己利 失菩提心】	指導願出離輪迴苦厄之修行者如何轉利己為自利利他	勸導如何斷除個人尋求自解脫的貪愛或眷戀	從觀修慈心與悲心中體悟自他平等	指導行者從自解脫的二乘人（聲聞乘、緣覺乘等二乘）進階到自度度人的大乘菩薩
4. 大乘菩薩	第四句 【耽著生起 非正見】	指導具足願行菩提心的大乘修行者如何從世俗的執著中昇華至究竟的實相	勸導如何破除對所有一切見的執著	從離二邊之中道、唯識、中觀等哲學思想中體證真如空性	指導行者從世俗諦之執著實有通過「了悟實相的四個相續次第」的觀修而進階到勝義諦之「明空雙運」、「輪涅無二」

三、主要思想體系——藏傳佛教三乘概念的共通與不共教義

大乘佛教顯宗對於「三乘」的概念多主張：聲聞、緣覺、菩薩等三乘（依據《法華經》所主張為：聲聞乘、辟支佛乘、佛乘等三乘）；於藏傳佛教則多指：小乘、大乘、金剛乘等三乘。

在詮釋方法上，《傑尊‧札巴嘉稱造：離四貪戀》釋論以縱橫交織的闡釋方式為：以「直接敘述」與「間接敘述」等表現方式呈現佛教共通的哲學思想。在此首先敘述：以「共通教義」與「不共教義」等表現方式呈現藏傳佛教的獨特哲學思想。以下分述《傑尊‧札巴嘉稱造：離四貪戀》釋論中所涉佛教諸共通與不共之教義：

（一）小乘佛教的共通教義

共通（གུན་མོང་། thun mong/；英：common）教義，指為所有佛教共有、普遍通行的法教，例如：三學、三慧、三苦、小乘止觀等，亦包含六波羅蜜多（六度）、發菩提心，以及三法印、四共加行等。以下採用表列方式列舉《傑尊‧札巴嘉稱造：離四貪戀》釋論所闡釋之修心《離四貪戀》頌偈第一句【若貪戀此生 非行者】、第二句【貪戀輪迴 無出離心】，與小乘佛教共通教義之關係。

依據《傑尊‧札巴嘉稱造：離四貪戀》釋論的內容，《離四貪戀》頌偈第一句【若貪戀此生 非行者】中之間接教（間接敘述）：觀修「暇滿難得」、「死亡無常」。

1.薩迦派共通四加行順序中，首先為「第一加行：觀修暇滿人身難得」，在本釋論的思想體系中屬於預備修持的「前行」，觀修內容包含有「八有暇」及「十圓滿」。

2.共通四加行的「第二加行：觀修生命死亡無常」，在本釋論的思想體系中屬於主要修持的「正行」，觀修內容包含了觀修捨離「世間八風」，

以及體悟生命之不確定性。

　　3.共通四加行的「第三加行：觀修因果業力及如何取捨」，於本釋論的思想體系中則屬於輔助修持性質的「支分」（ཡན་ལག yan lag）或結束修持的「結行」，觀修內容包含了認識「三業」（善業、惡業、無記業），以及對善業、惡業應如何擇定與取捨。

4.2 《離四貪戀》第一句【若貪戀此生 非行者】之觀修次第表

次第及內容　　　　　　　　觀修法（共通四加行）	次　第	內　容（觀修內容）
1. 觀修暇滿難得	前行（預備修持）	觀修：八有暇、十圓滿
2. 觀修死亡無常	正行（主要修持）	觀修：捨離「世間八風」、生命之不確定性
3. 觀修因果業力	支分（輔助修持）或結行（結束修持）	觀修：認識「三業」、對善惡業之取捨

第一句【若貪戀此生 非行者】如何對治三毒：

　　同樣於本釋論所述《離四貪戀》頌偈第一句【若貪戀此生　非行者】的要義中，亦闡釋了如何對治三毒的方法。貪、瞋、癡等「三毒」能生惡業，故為造成輪迴的主因，尤其熾盛的三毒為投生至旁生（畜生道）、餓鬼、地獄等三惡趣的因。在上述第三項的觀修次第：觀修因果業力，主要藉觀修來分析業及因果。

　　業（ལས། las/）分善業、惡業、無記業等三業，其中的惡業主要為「十惡業」，而形成惡業的本質為三毒，故首當需要破除三毒之染汙。為了對治三毒，佛教中以共通的觀修法門來對治三種能導致輪迴的染汙。

　　三毒中的貪染汙為惡業的根本，對治貪染汙，可藉觀修不淨觀與無

常觀，以消除對於「顯現出歡樂之因的輪迴中一切事物」的貪愛或執著；對治瞋染汙，可藉觀修慈心，以消除對於「一切痛苦之因所產生的強烈抗拒或煩惱」以及以此生起的怨恨或仇恨；而三毒中的癡染汙亦指無明，對治愚癡，可藉觀修緣起，了知世間一切萬法皆由因緣暫時和合所聚合，以消除對於「只顧及自我身語意等三門的造作而不知取捨」的一種心所或邪見。

4.3 《離四貪戀》第一句【若貪戀此生 非行者】對治三毒與觀修法之對應表

《離四貪戀》第一句　　　　對治與觀修法	對治三毒	觀修法
「間接敘述」的支分或結行——觀修因果業力	對治：貪染汙	觀修：不淨觀、無常觀
	對治：瞋染汙	觀修：慈心
	對治：癡（無明）染汙	觀修：緣起

第二句【貪戀輪迴 無出離心】如何認知三苦：

而在本釋論所述《離四貪戀》頌偈第二句【貪戀輪迴　無出離心】的要義中，闡釋了佛教共通的「三苦」概念，以及三苦的對象與其感受。

1.依據小乘經典（同時也是佛教共通經典）《俱舍論》的論述，輪迴世間三苦中的「苦苦」，其對象主要為三惡趣的感受逆境之苦；三惡趣的範圍除了地獄道、惡鬼道、旁生（畜生道）等三惡道之外，亦有主張加上瞋恨心極重的修羅道。

2.三苦中「壞苦」的對象主要為善趣，範圍為天道及人道等二種善道，感受為從順境轉變為逆境之苦。

3.而「行苦」的對象主要為人道，感受為人道中的不苦不樂、遷流循環

等。在薩迦派最主要的法教《道果》哲學思想中，於前行〈三現分〉中則總結主張「苦苦」為三惡趣之苦；「壞苦」為善趣之苦；「行苦」為情事永無止境、周而復始之苦。

4.4 第二句【貪戀輪迴 無出離心】所闡釋「三苦」及對象之對應表

關係 三苦	對　象	感　受	《道　果》 前行〈三現分〉
1. 苦苦	三惡趣：地獄道、惡鬼道、旁生（畜生道）；修羅道	逆境之苦	三惡趣之苦
2. 壞苦	人天善趣：天道、人道	順境變為逆境之苦	善趣之苦
3. 行苦	人道	不苦不樂、遷流循環	情事永無止境之苦

（二）大乘佛教的不共（唯大乘所擁有）哲學思想

此處之不共（ གུན་མོང་མ་ཡིན་པ། thun mong ma yin pa/；英：uncommon）教義，指唯大乘佛教所擁有，非普遍通行於小乘等「二乘」「聲聞乘、緣覺乘」的法教，例如：發大乘菩提心、二諦、中道、唯識、中觀及空性見。

第三句【貪戀己利 失菩提心】如何生起菩提心：

以下列舉《傑尊・札巴嘉稱造：離四貪戀》釋論中，修心《離四貪戀》頌偈第三句【貪戀己利　失菩提心】與菩提心生起之因果關係，及其敘述方式與觀修內容；以及本釋論與大乘佛教二諦哲學思想之關係。

在本書第五章之第二節「《傑尊・札巴嘉稱造：離四貪戀》釋論──譯注」內，「甲三、正文」之「乙三、【貪戀己利　失菩提心】」的末尾夾注中提及，對於佛教大乘共通的生起菩提心劃分有：因、果等二類。

先以間接教（間接敘述）的方式論述了「觀修慈悲」為生起菩提心的

因，並於其下分有：觀修慈心、觀修悲心等二種觀修法。

　　再以直接教（直接敘述）的方式，論述了「自他交換」為生起菩提心的果，並於其下分有：自他平等、自他交換等二種觀修法。

4.5 第三句【貪戀己利 失菩提心】與菩提心生起之因果對應表

對應 菩提心	因　果	敘述方式	觀修內容
生起菩提心 之 世俗菩提心	因	間接教 （間接敘述）	1. 慈心 2. 悲心
	果	直接教 （直接敘述）	1. 自他平等 2. 自他交換

　　而在本釋論《傑尊‧札巴嘉稱造：離四貪戀》中，若以佛教大乘共通的「二諦」哲學思想對修心《離四貪戀》頌偈做闡釋為：

　　首先，於「世俗諦」方面來說，修行者依據頌偈第一句至第三句的修心次第做修持後，已生起了世俗菩提心，但或仍舊執著於一切萬法現象為真實、為實有之存在，故容易墮入實有的「常邊」，亦即極端的存在主義；或是執著於一切萬法現象為不真實、非實有之虛無，故容易墮入武斷否定的「斷邊」，亦即極端的虛無主義。若尚停滯於此常、斷二邊的邊執，即無法證悟究竟之真理，亦即無法成就、獲得佛果。故為了徹底消除此等心性中產生邊執的染汙，必須再藉由大乘的止觀修持。

　　其次，於「勝義諦」方面來說，具體的大乘止觀之修持方法，即包含於本釋論第五章之第二節 「《傑尊‧札巴嘉稱造：離四貪戀》釋論──譯注」中，「甲三、正文」內的「乙四、【耽著生起 非正見】」對修心《離四貪戀》頌偈第四句所論述的「丙一、間接敘述：觀修寂止（止）」以及「丙二、直接敘述：觀修勝觀（觀）」等二項觀修次第做進一步的修持。

通過此等觀修之後，方能對於一切見皆不生起執著。

4.6 《傑尊・札巴嘉稱造：離四貪戀》釋論之要旨與「二諦」之對應表

頌偈與要旨　　二諦	《離四貪戀》根本頌偈	要　旨
世俗諦（相對真理）	第一句【若貪戀此生 非行者】	不執著此生短暫的幸福安樂
	第二句【貪戀輪迴 無出離心】	不執著於世俗的人天享樂
	第三句【貪戀己利 失菩提心】	不執著於私利的自解脫
勝義諦（究竟真理）	第四句【耽著生起 非正見】	不執著於任何見地

（三）藏傳佛教金剛乘之不共教義

　　此處之不共教義，指唯大乘佛教中金剛乘所獨有，非普遍通行於小乘及大乘顯宗之法教，例如藏傳佛教各宗派之不共見地及哲學思想。例如：明空雙運、輪涅無別等薩迦派中的特殊、不共之見。以下再分舉「與薩迦派自宗相關之思想」以及「與他宗相關之思想」等二方向做概略分析比較。

1. 與薩迦派自宗相關之思想

　　《傑尊・札巴嘉稱造：離四貪戀》釋論之思想與自宗薩迦派相關之修心次第與哲學思想極為獨特豐富。藏傳佛教其他宗派對於唯識、中觀等主要佛教哲學思想雖各有其傳承與見解，但薩迦派對此亦有自宗內獨有、不共傳承之特殊見地與詮釋。其中特別於薩迦派之主要哲學思想「輪涅無別」見，以及薩迦派至高、至廣的《道果》法教中之預備修行——前行〈三現分〉，以及正行〈三續分〉的第一部分「含藏因續」，亦皆能與本釋論後段所涉及薩迦派主要哲學思想之：共通離二邊之中道、共通唯識、不

共中觀，以及《道果》空性見地（了悟實相的四個相續次第）、明空雙運、輪涅無別見等修心法要的次第相互對應。

「輪涅無別」（འཁོར་འདས་དབྱེར་མེད། 'khor 'das dbyer med/，英譯：The inseparability of samsara and nirvana）為薩迦派的主要見地，其名詞概念為所謂的「輪迴」與「涅槃」二者，並非相對立的二個實體，並無所謂的二元對立可劃分，而是指：無輪迴可脫離，亦無涅槃可證悟。

若以藏族學科「大五明」（རིག་གནས་ཆེ་བ་ལྔ། rig gnas che ba lnga/）中的「因明學」（གཏན་ཚིགས་རིག་པ། gtan tshigs rig pa/，又稱正理學、量學）做分析，所謂輪迴與涅槃不過是「見」（ལྟ་བ། lta ba/）與「現量」（མངོན་སུམ་ཚད་མ། mngon sum tsad ma/）的轉化，為依因緣而作暫時的假說描述。

由於真正的空性實相為不著任何邊際（有、無之邊；常、斷之邊），無任何世間語言可圓滿描述，為因「緣起」而暫且維持表象，故為「離言詮」之自然本性，究竟只能意會，無法言說。所以「輪迴」與「涅槃」無有分別，皆無自性。相對的，對執著於世俗虛妄分別的世間凡夫來說，才會有所謂輪迴與涅槃、天堂與地獄等種種表象，此為執虛妄為實有。

以下列舉修心《離四貪戀》頌偈中，第三句【貪戀己利　失菩提心】、第四句【耽著生起　非正見】與二類菩提心的觀修體系。

4.7 《傑尊·札巴嘉稱造：離四貪戀》釋論的二菩提心與觀修體系表

觀修體系 《離四貪戀》根本頌偈	大乘佛法	二菩提心	觀修
第三句 【貪戀己利 失菩提心】	善巧方便	世俗菩提心	1. 願菩提心：觀修慈悲 　（1）觀修慈心 　（2）觀修悲心 2. 自他平等菩提心 3. 自他交換菩提心
第四句 【耽著生起 非正見】	般若智慧	勝義菩提心	1. 了悟實相的四個相續次第 2. 明空雙運 3. 輪涅無別

第四句【耽著生起 非正見】如何入正知見之道次地：

特別於本釋論《傑尊·札巴嘉稱造：離四貪戀》中，關於《離四貪戀》頌偈第四句【耽著生起　非正見】之間接敘述：觀修寂止（止）裡頭，將薩迦派自宗的思想體系做了次第、系統性的鋪陳。

為了破除對實有的執著所生的常見之邊，與對一切皆無所有的武斷之邊，以及同時執著常邊與斷邊的矛盾，故首先需要將心入於捨離常、斷二邊之見，而入於無二雙運的中道之境。

其次，有別於外道，將外境一切事物認為發源自如同造物主的外在神祇所創造，應當認知一切外境皆為內心的造作，故在此暫時入於唯識宗所主張之階段。

以上二個修心的階段（離二邊之中道、唯識之共道次第），為大乘佛教的共通道次第。

緊接著需進入大乘佛教的不共道次第：此大乘佛教不共道次第，於中

觀宗的思想體系中,即了悟一切顯現之相皆為因緣所暫時和合,為相互依賴因緣所生,所有萬法之性相皆為不生、不滅,本性為空,無可言喻、不可言詮,故由此證悟中觀不共之見。

4.8 第四句【耽著生起 非正見】之思想體系表

思想體系 正知見之道次地	共通道次地 （共通教）	不共道次地 （不共教）
1. 離二邊之中道	無二雙運—— 將心入於捨離常斷二邊之見	
2. 唯識之共道次第	菩提心唯識宗	
3. 大乘中觀不共道		大乘中觀宗

薩迦派祖師——祥・朵喋巴（ཞང་མདོ་སྡེ་དཔལ། zhang mdo sde dpal/,祥氏・經部吉祥）對薩迦班智達之名著《能仁密意極明論》（ཐུབ་པའི་དགོངས་གསལ། thub pa'i dgongs gsal/）再加闡釋而造之釋論《能仁密意極明佛子聖道之寓言注釋・月光》（ཐུབ་པའི་དགོངས་གསལ་རྒྱལ་སྲས་འཕགས་པའི་ལམ་གྱི་སྒྲུང་འགྲེལ་ཟླ་བའི་འོད་ཟེར། thub pa'i dgongs gsal rgyal sras 'phags pa'i lam gyi sgrung 'grel zla ba'i 'od zer/,以下簡稱:《能》釋論）[93],內容主要雖為修道次第,與修心次第之主要論述方向稍有區別,但若與本釋論相較,於同宗派中的部分道次第亦皆有同工之妙。

於《能》釋論中,除了第一章〈總義之二相〉以外,其餘多數與《傑尊・札巴嘉稱造:離四貪戀》釋論之部分道次第體系有對應之處。其第二章〈救度一切之解脫〉所述之法門,可對應本釋論所闡釋《離四貪戀》根

---

93 薩班・貢噶堅贊 等著:藏族十明文化傳世經典叢書（更嘎松保 主編）・薩迦派系列叢書11 《菩提道次第》,北京:民族出版社,2005年12月,第340頁。

本頌偈第一句【若貪戀此生　非行者】，主旨與「觀修暇滿難得、死亡無常」等要義相近。《能》釋論的第三章〈輪迴之苦〉與第四章〈第三惡趣「旁生」種姓與因之教理〉等二個章節所述範圍，與本釋論對頌偈第二句【貪戀輪迴　無出離心】所闡釋之「觀修輪迴過患」，即思維：苦苦、壞苦、行苦等「三苦」相對應。而《能》釋論第五章〈嫻熟悲心能立〉所述嫻熟於能成立之悲心，則與本釋論對頌偈第三句【貪戀己利　失菩提心】所闡釋「觀修慈悲」之部分內容可做相互比對。

4.9　《傑尊・札巴嘉稱造：離四貪戀》釋論與
《能仁密意極明佛子聖道之寓言注釋・月光》之道次第比較表

釋論 《離四貪戀》根本頌偈	《傑尊・札巴嘉稱造：離四貪戀》釋論之觀修次第	《能仁密意極明佛子聖道之寓言注釋・月光》之道次第
第一句 【若貪戀此生　非行者】	觀修暇滿難得、死亡無常	二、救度一切之解脫（法門）
第二句 【貪戀輪迴　無出離心】	觀修輪迴過患——思維：苦苦、壞苦、行苦等「三苦」	三、輪迴之苦 四、第三惡趣「旁生」（畜生道）種姓與因之教理
第三句 【貪戀己利　失菩提心】	觀修慈悲	五、嫻熟悲心能立

2. 與他宗相關之思想

　　著名的《普賢上師言教》（藏傳佛教寧瑪派的主要哲學思想之一）亦能於《離四貪戀》中體現；於噶當派所開創的「三士道」以及宗喀巴大師首創的「三主要道」等修道次第概念，皆能於《離四貪戀》修心法要中互為印證。此等比較，皆已於本書第一章之第二節「含攝三乘之修行次第」中，論述於「（二）薩迦派《離四貪戀》與其他宗派相關之修心法要」。

以下列舉薩迦派《傑尊‧札巴嘉稱造：離四貪戀》釋論與噶當派之「三士道」，以及格魯派「菩提道次第」等修心法要及觀修法等哲學思想之關係比較。

由宗喀巴大師所開創的「菩提道次第」顯密思想體系，盡於其著名的《菩提道次第》與《密宗道次第》等二部卓著中體現；而主要側重於顯宗修習內容的《菩提道次第》之修道次第體系，則於《道次第攝義》（ཇ་ རིམ་གྱི་དོན་བསྡུས/ lam rim gyi don bsdus/，以下簡稱：《攝義》）[94]中將之作簡要歸納。此《攝義》中所整理歸結之「八修行」、「三實修」、「三取捨」等要義，併配合三士道之不同階段修道和目的等處，若與本釋論之修心要義相較，亦有異曲同工之妙。

八觀修（སྒོམ་པ་བརྒྱད/ sgom pa brgyad/），又稱八觀想或八觀，分八項觀修。與三士道配合，下士道之觀修有四項，各為：1.觀暇滿人身難得、2.觀生命死亡無常、3.觀惡趣苦厄、4.觀白黑（善惡）業果；可比較本釋論對《離四貪戀》根本頌偈第一句【若貪戀此生　非行者】所闡釋之間接敘述：「暇滿人身難得」、「生命死亡無常」。

中士道之觀修有二項，各為：5.觀輪迴過患、6.觀解脫之利益；可比較本釋論對《離四貪戀》根本頌偈第二句【貪戀輪迴　無出離心】所闡釋：直接敘述之「世間輪迴過患」與間接敘述之「業果從舍」（即「因果業力的取捨」）。

上士道之觀修亦有二項，其中之7.觀世俗菩提心（願菩提心、行菩提心）可比較本釋論對《離四貪戀》根本頌偈第三句【貪戀己利　失菩提心】所闡釋之世俗菩提心：間接敘述之「觀修慈悲」（因）與直接敘述之「自他交換」（果）。而8.觀勝義菩提心，則可比較本釋論對《離四貪戀》根本

---

94 依據西元1967年新制木刻版之藏文文獻。蘭仁巴‧阿旺彭措 著：多識仁波切藏譯漢圖書書系《菩提道次第心傳錄》──藏漢對照本，多識仁波切 譯，成都：四川民族出版社，2013年12月，第352頁。

頌偈第四句【耽著生起　非正見】所闡釋之勝義菩提心：間接敘述之「觀修寂止」（止）與直接敘述之「觀修勝觀」（觀）。甚至可再由此繼續深入論述至「止觀雙運」等甚深要義。

4.10 《傑尊・札巴嘉稱造：離四貪戀》釋論與《道次第攝義》之「八觀修」比較表

釋論 《離四貪戀》根本頌偈	《傑尊・札巴嘉稱造：離四貪戀》釋論之修心觀修	三士道	《道次第攝義》之「八觀修」
第一句 【若貪戀此生 非行者】	間接敘述： 1. 暇滿人身難得 2. 生命死亡無常	下士道	1. 觀暇滿人身難得 2. 觀生命死亡無常 3. 觀惡趣苦厄 4. 觀善惡業果
第二句 【貪戀輪迴 無出離心】	直接敘述： 3. 世間輪迴過患 間接敘述： 4. 業果從舍（因果業力的取捨）	中士道	5. 觀輪迴過患 6. 觀解脫之利益
第三句 【貪戀己利 失菩提心】	世俗菩提心—— 間接敘述： 觀修慈悲（因） 直接敘述： 自他交換（果）	上士道	7. 觀世俗菩提心： 願菩提心、 行菩提心
第四句 【耽著生起 非正見】	勝義菩提心—— 間接敘述： 觀修寂止（止） 直接敘述： 觀修勝觀（觀）	上士道	8. 觀勝義菩提心

三實修（ལག་ལེན་གསུམ། lag len gsum/），又或稱三行，為三項實修要目。與三士道結合：

1.「精進於皈依三寶與業果取捨」是為下士道之實修；

2.「生起追求解脫之利、為全體解脫道無錯誤而修學增上珍寶三學」為中士道之實修；

3.「發菩提心、修學六度、四攝法」則為上士道之實修。

若與本釋論《傑尊・札巴嘉稱造：離四貪戀》相較，尤以其中之下士道與中士道所含攝之二項實修要目，可對應本釋論對《離四貪戀》根本頌偈第一句至第三句等偈所闡釋之範圍。

異同：

二者相近之處，在於《攝義》三實修中主張下士道之「業果取捨」實修，與本釋論對根本頌偈第二句【貪戀輪迴　無出離心】闡釋之間接敘述：「業果從舍」，同為對於善惡業果的明辨與取捨。以及《攝義》中主張上士道之「發菩提心」，與本釋論對根本頌偈第三句【貪戀己利　失菩提心】闡釋之發起「世俗菩提心」範圍，同為對於生起世俗菩提心而後接續衍生相關修持之實修。

差異之處，在《攝義》中對於中士道之「為全體解脫道無錯誤而修學增上珍寶三學」所說之「增上珍寶三學」（ལྷག་པའི་བསླབ་པ་རིན་པོ་ཆེ་རྣམ་པ་གསུམ། lhag pa'i bslab pa rin po che rnam pa gsum/）即「增上三學」（ལྷག་པའི་བསླབ་པ་གསུམ། lhag pa'i bslab pa gsum/），各為：增上戒學、增上定學、增上慧學。與本釋論對《離四貪戀》根本頌偈第一句【若貪戀此生　非行者】之闡釋中，所主張之聽聞、思維、禪修等「三慧」有所差異。然而本釋論此處之直接敘述中所主張之持戒及聽聞、思維、禪修，與《攝義》中所主張之增上戒學、增上定學等，在執持戒律及禪定修持等實修方面相較，則二者又

有一定程度與範圍之相近。

4.11 《傑尊・札巴嘉稱造：離四貪戀》釋論與
《道次第攝義》之「三實修」比較表

釋論 《離四貪戀》根本頌偈	《傑尊・札巴嘉稱造：離四貪戀》釋論之修心觀修	三士道	《道次第攝義》之「三實修」
第一句 【若貪戀此生 非行者】	直接敘述—— 持戒及聞、思、修等「三慧」。	下士道	1. 精進於皈依三寶、業果取捨
第二句 【貪戀輪迴 無出離心】	直接敘述：觀修輪迴過患 間接敘述：業果從捨	中士道	2. 修學增上三學
第三句 【貪戀己利 失菩提心】	間接敘述： 　觀修慈悲（因） 直接敘述： 　自他交換（果）	上士道	3. 發菩提心、修學六度、四攝法

另外《道次第攝義》中所闡述之三取捨（ལྡོག་འཇུག་གསུམ། ldog 'jug gsum/），結合三士道之道次第為：

1.「捨去貪戀此生、入於來世之利益」是為下士道之取捨；

2.「捨去貪戀輪迴、入於寂滅涅槃之利益」為中士道之取捨；

3.「捨去貪戀自利、入於利益一切眾生」則為上士道之取捨。

若與本釋論相較，則本釋論對《離四貪戀》根本頌偈第一句【若貪戀此生　非行者】所闡釋之間接敘述：「觀修暇滿難得、死亡無常」，可對應

於《攝義》三取捨中所主張之下士道取捨。

　　本釋論對根本頌偈第二句【貪戀輪迴　無出離心】所闡釋之直接敘述：「觀修輪迴過患」，可對應三取捨中所主張之中士道取捨。

　　而本釋論對根本頌偈第三句【貪戀己利　失菩提心】所闡釋間接與直接敘述之「觀修慈悲（因）、自他交換（果）」，則可對應三取捨中主張之上士道取捨。

4.12 《傑尊・札巴嘉稱造：離四貪戀》釋論與《道次第攝義》之「三取捨」比較表

釋論 《離四貪戀》根本頌偈	《傑尊・札巴嘉稱造：離四貪戀》釋論之修心觀修	三士道	《道次第攝義》之「三取捨」
第一句 【若貪戀此生 非行者】	間接敘述：觀修暇滿難得、死亡無常	下士道	1. 捨去貪戀此生、入於來世之利益
第二句 【貪戀輪迴 無出離心】	直接敘述：觀修輪迴過患	中士道	2. 捨去貪戀輪迴、入於寂滅涅槃之利益
第三句 【貪戀己利 失菩提心】	間接敘述：觀修慈悲（因） 直接敘述：自他交換（果）	上士道	3. 捨去貪戀自利、入於利益一切眾生

第五章 《傑尊・札巴嘉稱造：離四貪戀》教誡之譯注

西藏薩迦大寺 南寺拉康千莫大殿供奉 薩迦三祖——傑尊・札巴嘉稱顯聖泥塑像
吉祥賢居士攝於2006/08/13

本章內容，主要對藏文本《傑尊・札巴嘉稱造：離四貪戀》釋論做漢語翻譯及注解。如前文所述，此處所依據之原典文本，主要擷取自藏文版本《續部總集》第23函《修心離四貪戀法類》稽首一篇序文「緣起識語」之後的第二部分：《傑尊・札巴嘉稱造：離四貪戀》[95]（ ༄༅། །རྗེ་བཙུན་གྲགས་པ་རྒྱལ་མཚན་གྱིས་མཛད་པའི་ཞེན་པ་བཞི་བྲལ་བཞུགས་སོ། //rje btsun grags pa rgyal mtshan gyis mdzad pa'i zhen pa bzhi bral bzhugs so/ ）。

本章第一節之「科判」，為採中國漢語學術中的科判方法所作分段；第二節則為本書的核心部分，為將此篇藏文的釋論文本做藏漢對譯及注解。藏漢對譯的部分，附以藏文原文的目的，為適時地為已掌握藏文閱讀能力的讀者提供藏文原文以供校閱。

一、《傑尊・札巴嘉稱造：離四貪戀》釋論──科判

甲〇、釋論題目

甲一、祈請文（分二）

　　乙一、皈依禮敬

　　乙二、祈請加持

甲二、發願與造論目的（分二）

　　乙一、勸發願心

　　乙二、誓言造論與造論目的

甲三、正文（分四）

　　乙一、【若貪戀此生 非行者】

---

95 《修心離四貪戀法類》，藏文古籍刻本1971年印度德里版《續部總集》第23函，印度 德里（Delhi）：N. Lungtok & N. Gyaltsan出版發行，1971-1972年出版，美國紐約藏傳佛教資源中心（Tibetan Buddhist Resource Center, New York, USA）掃描，第481－536頁。

丙一、直接敘述：真實與非真實的差別（分三）

　丁一、持戒

　　戊一、真實的持戒

　　戊二、非真實的持戒

　丁二、聞思

　　戊一、真實的聞思

　　戊二、非真實的聞思

　丁三、禪修

　　戊一、真實的禪修

　　戊二、非真實的禪修

丙二、間接敘述：觀修暇滿難得、死亡無常

　丁一、觀修暇滿人身難得

　丁二、觀修生命死亡無常

乙二、【貪戀輪迴 無出離心】

　丙一、直接敘述：觀修輪迴過患（分三）

　　丁一、苦苦

　　丁二、壞苦

　　丁三、行苦

　丙二、間接敘述：業果從捨

乙三、【貪戀己利 失菩提心】

丙一、間接敘述：觀修慈悲（因）（分二）

丁一、觀修慈心

丁二、觀修悲心

丙二、直接敘述：自他交換（果）

乙四、【耽著生起 非正見】

丙一、間接敘述：觀修寂止（止）（分三）

丁一、離二邊之中道

丁二、唯識之共道次第

丁三、大乘中觀不共道

丙二、直接敘述：觀修勝觀（觀）

丁一、《道果》空性見地：了悟實相的四個相續次第

戊一、成境唯心

戊二、成心為幻

戊三、成幻無自性

戊四、無自性不可言詮

丁二、明空雙運

丁三、輪涅無別

甲四、迴向

二、《傑尊‧札巴嘉稱造：離四貪戀》釋論——譯注

◎譯注凡例：

（一）下文各段之首皆附有上下二格相連之灰階色塊。於上方的「深灰色」色塊內，為本文所引藏文原典之原文，此藏文原文分頌偈體與長行散文二種文體；下方的「淺灰色」色塊內，為筆者所添之相對應漢語直譯，以符號【譯】表示。

（二）下方「淺灰色」色塊中之漢譯文字，與上述藏文原文同步，分頌偈體與長行散文二種直譯文體。於頌偈方面，漢譯內容為隨藏文原文逐字翻譯，即漢譯字數與藏文字數相同，以力求比擬原典之原始風貌。於長行之注疏方面，漢譯內容則不隨藏文原典字數，僅力求文意通暢。

（三）緊隨灰階色塊之下，為對上述漢文直譯內容所做的解釋，以符號【解】表示。自「甲一、祈請文」之「乙一、皈依禮敬」以下，皆依序以此方式呈現：藏文原文、直譯、解釋，以供參照比對。

（四）以下釋論之藏文內容中，凡標有[482]、[483]……等符號，表示此文啟始於上述藏文原典文本的第482頁或第483頁，以此類推。

（五）內文中舉凡引用藏文專有名詞，於藏文字後皆隨附羅馬拼音之轉寫。如本書作者前言所述，轉寫並非拼讀。

（六）內文中凡遇衍文或勘正字詞，以方括號〔〕括於其內。

甲〇、釋論題目

[482] ༔ །།རྗེ་བཙུན་གྲགས་པ་རྒྱལ་མཚན་གྱིས་མཛད་པའི་ཞེན་པ་བཞི་བྲལ་བཞུགས་སོ།

轉寫：/ /rje btsun grags pa rgyal mtshan gyis mdzad pa'i zhen pa bzhi bral

bzhugs so/

【譯】[482]《傑尊・札巴嘉稱造：離四貪戀》

【解】此為薩迦三祖——傑尊・札巴嘉稱為《離四貪戀》所造關於修心的
釋論，即對四句《離四貪戀》根本頌偈再加以闡釋的論述，簡稱：《離
四貪戀》口訣教授（༢། །ཞེན་པ་བཞི་བྲལ་གྱི་གདམས་པ་བཞུགས། /zhen pa bzhi bral gyi
gdams pa bzhugs/）。

　　正如本文所引據藏文文本的經題：《修心離四貪戀法類》，其破題「
修心」（བློ་སྦྱོང་། blo sbyong/）一辭即說明了該論的目的性，並以造論者親身
實修此修心法要後的實修經驗來做闡釋，行文的風格則屬道歌形式。

　　首先稽首為二首頌偈：甲一、祈請文；甲二、發願與造論目的。

甲一、祈請文（分二）

此部分為稽首之第一頌偈，共分四句。第一頌偈的前二句（乙一）為皈依禮敬；後二句（乙二）為祈請加持。

傳統印藏佛教經典中，常以詩偈體及散文體等兩種體例交互運用。詩偈體以一偈四句為結構，每句字數相同，通常由七字、九字或其他字數所構成，偈中或講求韻律對仗；散文體為字數或音韻不成對仗之長行或短文。

若從漢語文的修辭學上來比較傳統印藏佛教經典中詩偈體的韻律對仗，或有前一句末尾之字（或辭）與後一句起頭的字（或辭）相互同字或同音，以此分句蟬聯成頂真（anadiplosis）格；或有句子末尾之字（或辭）同字或同音，成為韻腳同音之押韻；亦或有全然不押韻，僅字數工整對仗之頌偈文體；甚且更有少數在字數上稍有差異，僅憑誦讀上藉連聲滑音，將二字或三字連滑一氣，由此音滑至彼音，形成一韻，以求讀誦時音韻工整之頌偈體例。

於本文的藏文文本中，此處為一句七字之詩偈體，共二十八字，字數對仗工整。在藏文文本與英文譯本兩種文本相較之下，於薩迦派究傑企千仁波切所著《離四貪戀》釋論之英譯本[96]中，於此處則較難體現藏文文本詩偈體工整對仗的體例。

佛教論典之造論者必於論典稽首處先禮敬上師，如同前述《離四貪戀》釋論英譯版[97]所載：「It is stated in the writings of Sakya Pandita that authentic works must bear at least one line, if not an entire verse, paying homage

---

96 薩迦派究傑企千仁波切所著《離四貪戀》釋論之英譯本：Chogye Trichen Rinpoche, Parting from the Four Attachments, Jetsun Drakpa Gyaltsen's Song of Experience on Mind Training and the View, Commentary translated by Thubten Choedak, New York：Snow Lion Publications, 2003.

97 同上注，P. 78。

to the masters under whom the author of the text studied.」薩迦班智達於其著作中曾開示：為了禮敬造論者的傳法上師，故必須於論典中以頌偈禮敬。若未能以一頌偈（完整的四句偈）來禮讚，則至少必須以一行文字來做讚頌。

　　以下「乙一」、「乙二」等段落所闡述之內容，主要即包含一首完整四句偈的禮敬祈願文。

乙一、皈依禮敬

ༀༀ། །བཀའ་དྲིན་ཅན་གྱི་བླ་མ་དང་། །ཐུགས་རྗེ་ཅན་གྱི་ཡི་དམ་ལྷ།

【譯】大恩者之上師與，悲心者之本尊天，

【解】於此稽首頌偈之四句[98]中，第一句首先念及具足大恩德的諸上師，第二句念及具足大悲心的諸本尊天眾。

　　第一句「大恩者之上師與」中所稱之「上師」（བླ་མ། bla ma/），分歷代傳承上師及根本上師等一切善知識。具足大恩德的諸上師，即特別指自本師釋迦牟尼佛以來，沒有缺損、遺漏和錯謬，代代相承，傳續諸珍貴教法無有間斷的歷代諸位印度、西藏傳承上師；以及直接傳授我等解脫深義法門以此具有廣大深厚傳法恩德的根本上師。以上師集佛、法、僧三寶於一身，並具有傳法授業之深厚恩德（བཀའ་དྲིན། bka' drin/），故堪稱大恩上師。此處作者所禮敬之上師，為以薩迦初祖──薩千・貢嘎寧播為主之具大恩德上師。

　　此句句尾的「與」（དང་། dang/）漢譯又為「和、以及」等意，為藏文頌偈體句末的連詞，作用為連繫下一句文意。亦即連繫本句「大恩上師」

---

98 稽首頌偈之四句：「大恩者之上師與，悲心者之本尊天，自心中起敬皈依，祈請於我賜加持！」

與下句「悲心本尊」二者。為顧及漢文之常慣行文，或有漢譯時將此「與」字置於下句的語首處，以求文意順暢。

第二句「悲心者之本尊天」中所稱之「本尊」（ཡི་དམ། yi dam/），為密乘行者所主修的法門，一本尊即一法門，修持諸本尊法門即能獲致成就。此處一般指造論者或個人所恆常修持、觀想的諸本尊。該句中所稱之天（ལྷ། lha/），並非字面上直譯的世間未脫離輪迴之天人，而是泛指出世間之諸本尊等天眾、聖眾海會。此處作者所禮敬之本尊，為與薩迦派有深厚因緣的文殊菩薩，以及其他本尊天眾。由於此等本尊法門具足了救度眾生之悲憫心（ཐུགས་རྗེ། thugs rje/），故堪稱大悲本尊。

佛教密宗於上師、本尊、空行（含護法）之「三根本」（རྩ་བ་གསུམ། rtsa ba gsum/）概念中：上師為加持根本，若無有加持，僅憑一己之力，難以成就；本尊為成就根本，若無修持本尊法門，無法成就；空行護法為除障根本，修道上的一切道路障礙必須依靠護法遮除障礙，故需護法消除道障，以祈修道之道途平穩順暢。由於本尊法門含攝空行護法，故以上頌偈之第一、二句，在密法上實已概括了上師、本尊、空行（護法）等「三根本」。

此二句概括了以下第三句所要行皈依及禮敬的對象，即上師、諸本尊天眾。

乙二、祈請加持

ཁྱིད་ནས་སྐྱབས་སུ་མཆི་ལགས་ཀྱི། །བདག་ལ་བྱིན་གྱིས་བརླབ་[5]ཏུ་གསོལ།

【譯】自心中起敬皈依，祈請於我賜[5]加持！

【解】此處的前半句即頌偈的第三句，闡明了從造論者自己的心中升起虔敬的皈依。皈依必發自內心，由心而起真誠的信解及信心，向前述所稱上師、本尊等三寶行皈依。自心中皈依之後進行禮敬；隨後的後半句即頌偈

的第四句，即向皈依的對象祈請，並祈願賜予加持。

　　稽首頌偈之第三句「自心中起敬皈依」，表明造論者──札巴嘉稱在此恭謹地向諸具德上師及本尊天眾禮敬並祈請，主要是為了祈願上師等三寶能清淨自心，以此清淨無染之心領受一切加持，而能正確無誤、圓滿完善地將其修證經驗作分享，故祈請上師、本尊等三寶加持，令以下行文內容臻至完備。

　　而第四句「祈請於我賜加持」則闡述，在此亦於上師等三寶跟前，於蒙受加持之後，誓言戮力完成此利益眾生的釋論，以祈能將此經過實修之體驗饒益眾生。故於此頌偈的後二句中，實又包含了：皈依禮敬、祈請加持、誓言完成釋論等三層意義。

甲二、發願與造論目的

在此為稽首之第二頌偈：發願與造論目的，共分四句[99]。除第二句僅七字外，其餘三句皆為八字結構，為前述誦讀時藉連聲滑音之技法，以求全頌字數聞之近似字數工整之體例。

頌偈內容主要為催勸聽者發願，亦即造論目的，前二句（乙一）為對後世聆聽者的開示，後二句（乙二）為勸解聽聞法要與造論目的。

乙一、勸發願心

ཚེས་མེན་གྱི་སྤྱོད་པ་དགོས་རྒྱུ་མེད། ཚེས་བཞིན་སྒྲུབ་པར་བྱེད་པ་ལ།

【譯】非法之行為不可取，如法以而作修行，

【解】第二頌偈的前二句「非法之行為不可取，如法以而作修行」，主要闡釋非法之行為（與佛法不相應、背離佛法的行為）不可執取，因為非法之行毫無意義，無益於修行人。反之，行者必須執持並奉行所有如法的行為，因為唯有如法之行，方能真正利益眾生。

此四句頌偈主要為造論者發願供養此《離四貪戀》法要，故造此釋論。於頌偈首句「非法之行為不可取」中，說明了執著與佛法不相應的一切非法行為皆不可取，故在此同時勸戒了發願與正法相應的正信佛弟子，切勿將寶貴的生命浪費在與正法相違背的行為舉止上，若執著於不如法的行止，則違背了佛教的基本精神。

第二句「如法以而作修行」則闡述相對於非法之行，應當執持與佛法相應的如法行止，並精勤地修心，並遵循下文所述的持戒及聞、思、修等修行次第。

---

99 發願與造論目的，共分四句：「非法之行為不可取，如法以而作修行，領會離四貪戀口訣，以此為您講述說之。」

於讀誦之韻律上，由於第一句為八字，第二句為七字，二句的字數並無對仗，故傳統上口誦此道歌時，多將第一句的第二、三字緊湊相連，合為一韻。即把第三字助詞 ཀྱི（gyi，漢譯：之、的）的讀音，膠著緊黏於句子開頭的ཆོས་མིན（chos min，漢譯：非法）一辭，使「非法之」（ཆོས་མིན་ཀྱི chos min gyi）三個音節，於頌讀時成為「chos min-gyi」，自然變成三音二韻。如此二句在字面上雖然字數不相對稱，卻在讀誦時與下句一同符合七字的韻律，形成讀音上的對仗，此亦為道歌的特色之一。

乙二、誓言造論與造論目的

ཞེན་པ་བཞི་བྲལ་གྱི་གདམས་ངག་འཚལ། །དེ་ཁྱེད་ཀྱི་སྙན་དུ་གསོལ་བར་བགྱི།

【譯】領會離四貪戀口訣，以此為您講述說之。

【解】而第二頌偈的後二句，則闡述為了執持與法相應的如法行為，故必須要聆聽、聞持並且知曉、領會這《離四貪戀》的教授口訣，在此將為您講解述說。

此四句頌偈的第三句「領會離四貪戀口訣」則闡述，若想執持如法的行止，修持正法，則需聞（聽聞）、思（思維、理解）文殊菩薩所宣說的《離四貪戀》法要，藉由聞思以下所闡釋的釋論，幫助行者遠離四種貪戀與執著；進而再由禪修及實修體驗此法要，從此四種執著中解脫。

第四句「以此為您講述說之」，為造論者的誓言造論與造論目的。為了於修心次第的正法道路上修行，並於次第修持的道路上免於重重障礙，即須執持正念及正知，詳細聽聞並實修體驗證悟此《離四貪戀》法要。據前述之釋論英譯版所載，此頌偈最末句中「您」（ཁྱེད khyed/）等第一人稱之用詞語彙，應指造論者札巴嘉稱特別重要之弟子——噶‧釋迦札（གར་ཤཱཀྱ་དྲག kar shakya drak），一般認為此釋論為應其祈請所造。故如同《金剛

經》[100]、《般若波羅蜜多心經》等許多佛經中，釋尊於說法時，常先稱文殊菩薩、舍利子（梵語：Sariptra，又譯：舍利弗）或須菩提（梵語：Subhuti）等菩薩、佛弟子之名為代表，以表徵對與會大眾宣說法要；此處造論者所指稱之「您」，亦同此理，情境上為專門針對某位弟子，實質上為向所有發願遵守如法行止之聽聞者宣講。

此稽首第二頌偈（甲二）的內容，為四句《離四貪戀》根本頌偈教授口訣中，第一句【若貪戀此生 非行者】的前行（སྔོན་འགྲོ། sngon 'gro/），亦即修持第一教授口訣的準備基礎，或稱「預備加行」。造論者以唱誦道歌的體裁造此頌偈，其中尤以稽首第二偈字數微略差異的特殊音韻形式而迥異於一般嚴格講求對仗的學術文體，格外突顯出自然流暢且易深入人心的道歌文體。

།མཆོད་བརྗོད་དང་། བཤད་པར་དམ་བཅའ་བ་བསྟན་ནོ།
【譯】（稽首禮贊與闡釋之發誓教。）

【解】此段藏文字級較小之小注，說明了至此造論者——札巴嘉稱完成了釋論稽首的禮贊（第一頌偈），以及闡釋發願的造論目的（第二頌偈），綜此合稱作「發誓教」（དམ་བཅའ་བ་བསྟན། dam bca' ba bstan/），亦即：發起誓言之傳授、教導。

於校勘上，此小注於藏文相同文本但不同刊刻之版本中或稍有差異，

100 《金剛經》：姚秦三藏法師鳩摩羅什譯，《大乘金剛般若波羅蜜經》〈大乘正宗分〉第三：「佛告須菩提，諸菩薩摩訶薩，應如是降伏其心……」。中華佛典寶庫《大正新修大藏經》〔般若部類〕〔般若部〕，第八冊，No. 0235《金剛般若波羅蜜經》。

例如在《薩迦五祖文集》所載之版本中[101]即無此行小注。另外，此行注腳的最末尾虛詞ནོ།（no/）字，於若干現代數位輸入之新校版本中或又寫做ཏོ།（to/）字[102]。

　　藏語དམ་བཅའ་བ།（dam bca' ba/）為發起誓言之意；བསྟན།（bstan/）意為教、宗教、教法等，亦為傳授、指示、講說、宣揚等意之過去式或未來式。故知以上之宗旨，主要為敦促聆聽之行者切勿耽戀執著於此生不如法之非法行為，必心生發願不貪愛、執著與正法相違逆的行止，應趣向與正法相應行止，以此為發起誓言之教法。同時亦兼有造論者發誓造論，利益眾生之義。於薩迦派中，一般認為此文本中增列於各主要段落之後的小注散體長行文字，為薩迦班智達所造之疏[103]。

---

101 藏文古籍刻本1736年德格版《薩迦五祖文集》第四卷第9函，《札巴嘉稱文集》〈離四貪戀教誡〉,印度 新德里(New Delhi)：薩迦中心(SAKYA CENTER)，1993年出版，美國紐約藏傳佛教資源中心（Tibetan Buddhist Resource Center, New York, USA）掃描，第594頁，第5行。

102　第2頁。

103 Chogye Trichen Rinpoche, Parting from the Four Attachments, Jetsun Drakpa Gyaltsen's Song of Experience on Mind Training and the View, Commentary translated by Thubten Choedak, New York：Snow Lion Publications, 2003, pp. 53. 注釋：「* The annotations indicated in italics are by Sakya Pandita.」

甲三、正文（分四）

།ཚེ་འདི་ལ་ཞེན་ན་ཆོས་པ་མིན། །འཁོར་བ་ལ་ཞེན་ན་ངེས་འབྱུང་མིན། །བདག་དོན་ལ་ཞེན་ན་བྱང་སེམས་མིན། །འཛིན་པ་བྱུང་ན་ལྟ་བ་མིན།

【譯】「若貪戀此生 非行者，貪戀輪迴 無出離心，貪戀己利 失菩提心，耽著生起 非正見！」

【解】以下開始為傑尊・札巴嘉稱所造釋論的正文。首先呈現本釋論主要解釋的《離四貪戀》根本頌偈內容，分四句：

若貪戀此生 非行者，

貪戀輪迴 無出離心，

貪戀己利 失菩提心，

耽著生起 非正見！

　　第一句主要闡明，如果耽戀執著個人此生，就不能算是修行人。第二句說明，如果貪戀「三界」的世間輪迴，就沒有出離心（厭離心）。第三句則闡釋，如果貪戀於個人一己的利益，就失去了菩提心。最後第四句則闡釋，當一切耽著、貪戀生起的時候，就談不上正見。

　　《離四貪戀》，於其他華文譯著有另譯作《遠離四種執著》，對於此根本四句偈又譯作：「若執著此生，則非修行者；若執著世間，則無出離心；若執己目的，不具菩提心；當執取生起，正見已喪失」[104]；或「若執著此生，則非修行者；若執著世間，則無出離心；若執己目的，則失菩提心；若執取生起，則非正知見」[105]。

---

104 孫一居士 英譯，《遠離四種執著》，台北，1986年。

105 堪千・阿貝仁波切 原著，《大乘禪修引導文——遠離四種執著》（ༀ། །ཐེག་པ་ཆེན་པོའི་སྒོམ་ཁྲིད་ བཞུགས་སོ། /theg pa chen po'i sgom khrid bzhugs so/），堪布澤仁札西中譯，2014年，第16－19頁，《遠離四種執著》之口訣。

藉此言簡意賅的《離四貪戀》四句要義，說明了修心的次第，此內容亦包含了一切佛教波羅蜜多乘（般若乘、顯宗）的所有修心次第要義。

此處第二句【貪戀輪迴　無出離心】，與前述第二章之第二節[106]緣起識語中所述《離四貪戀》根本頌偈之第二句「貪戀三界　無出離心」有一辭之差。比較二者，前述緣起識語中所述為「三界」（ཁམས་གསུམ། khams gsum/），此處為「輪迴」（འཁོར་བ། 'khor ba/）。三界為欲界、色界、無色界；而輪迴世間包含了欲界、色界，以及部分的無色界，故二辭相近，皆泛指不可執著依戀的輪迴世間。另外此句中述及之「出離心」（ངེས་འབྱུང་། nges 'byung），原意為：離、出離、厭離，屬佛教「四諦十六行相」之一，例如滅諦四相：滅、靜、妙、離等四相中之「離」；指脫離如牢獄般的三界輪迴，並自然地前往趨向涅槃之安樂處。由於此心欲脫離三界輪迴之苦，故得名為離。

根本頌偈第一句至第三句皆強調了「貪戀」（ཞེན་པ། zhen pa/, 英譯：attachment）一辭，於藏文中動詞的貪戀（attach）具有：貪愛、依戀、愛好、固執、執著等義。相對於最末句【耽著生起　非正見】的起首「耽著」（འཛིན་པ། 'dzin pa/，英譯：grasping）一辭，在動詞中具有：耽迷、貪戀、執持、抓牢、執取等義。由於二詞彙稍有不同，故於漢譯的用辭上在此稍作區別。

另於字數上，此根本頌偈第一句至第三句每句皆為八字，唯獨最末一句為七字。在讀誦韻律上若將最末句的前四字連讀，稍歇間斷後再讀最後三字，則加此間歇韻可與前三句契合成韻律工整的八字讀韻，構成道歌在音韻上活潑變換之獨特風格。

---

106 第二章之第二節：參閱本書「第二章　《離四貪戀》修心法要的緣起」，「二、《離四貪戀》緣起識語之藏漢對譯與譯注」。

乙一、【若貪戀此生 非行者】

此為《離四貪戀》根本頌偈的第一句法要，概分：「直接敘述」與「間接敘述」。

於「丙一、直接敘述：真實與非真實的差別」其下再分三要目：持戒、聞思、禪修。即包含了小乘佛教思想所著重，以及佛教中所共同主張的執持律儀以及聞、思、修等「三慧」；並涵蓋了藏傳佛教共通「四加行」[107]中的：觀修「暇滿難得」、「死亡無常」等二項。

藏傳佛教各派對共通四加行的順序主張不一，以下「丙二、間接敘述：觀修暇滿難得、死亡無常」的內容，於薩迦派所主張四共加行的順序上則分屬第一及第二項觀修加行。

丙一、直接敘述：真實與非真實的差別（分三）

།དང་པོ་ཚེ་འདིར་མ་ཞེན་པར། །ཁྲིམས་དང་ཐོས་བསམ་བསྒོམ་པ་གསུམ། །ཚེ་འདི་ལ་དམིགས་ནས་བསྒྲུབ་པ་དེ། །ཆོས་པ་མིན་གྱི་བཤོལ་ལ་ཞོག

【譯】第一勿貪戀此生，戒律及聞思修等三；為著此生而修持之，非法行應捨棄矣！

【解】針對第一句法要「若貪戀此生 非行者」，開頭即說明了切勿耽戀、貪執自己這短暫的一生，必須奉行戒律以及聞、思、修等「三慧」；但倘若僅僅為了此生而做修持是不如法的，如此與佛法不相應的行為，應當斷然捨棄！

勿貪戀此生，為《離四貪戀》根本頌偈第一句法要所強調的重點；而判斷是否為修持佛教的修行者，即取決於是否以貪戀此生為目的。所以此

---

107 共通「四加行」：「加行」，又稱前行，為修法前的預備修行。共通四加行，又稱四共加行，即藏傳佛教四種共通的前行修法。

頌第一句「第一勿貪戀此生」，說明以貪戀、耽迷、執著於此生為目的的任何修持，將毫無意義。

　　此頌第二句「戒律及聞思修等三」，說明為了深入修心的修行，即須執持佛教戒律，並且以聞、思、修等「三慧」趨入修心的淨善道路。

　　戒律（ཚུལ་ཁྲིམས། tshul khrims/），梵語稱作「屍羅」（ཤིལ། sh'ila/, Sila），即戒行，意為止息犯罪的惱熱，防止違犯禁戒之守護心態或意念。《俱舍論》卷十四（大二九・七三上）：「能平險業，故名屍羅，……」；《大智度論》卷十三（大二五・一五三中）：「屍羅，好行善道，不自放逸，是名屍羅。……」。 而佛教聞、思、修等「三慧」中的「聞」（ཐོས་པ། thos pa/）即聽聞，指從他處（相對於自己、己身）聽聞、見聞之後，心中能有所認識、領會。「思」（བསམ་པ། bsam pa/）即依據教言與法理，於聽聞後如法思考所聽聞之義理，之後自證決定之定解。「修」（སྒོམ་པ། sgom pa/）即於聞思之後，對所聞思之定見不斷揉煉、再三嫻熟，離棄疑惑，以趨向淨善。《楞嚴經》載：「從聞思修，入三摩地」[108]，故三慧能助心入、住於一境不散亂之三昧定。此處造論者——傑尊・札巴嘉稱引用了印度班智達　世親論師所造《俱舍論》[109]中「依戒具聞思，實修三摩地」的概念，主張於修心的修持道路上，次第為：應先嚴格持守戒律，規範行止；然後

---

108 《楞嚴經》卷第六〈大佛頂首楞嚴經觀世音菩薩耳根圓通章〉：「我於彼佛，發菩提心，彼佛教我，從聞思修，入三摩地」。中華佛典寶庫《大正新修大藏經》〔密教部類〕〔密教部〕，第十九冊，No. 0945《大佛頂如來密因修證了義諸菩薩萬行首楞嚴經》，唐 般剌蜜帝譯。

109 《俱舍論》，佛教說一切有部論典，全稱《阿毗達磨俱舍論》（梵語：Abhidharmakośa），印度世親（梵語：Vasubandhu，又譯天親）論師造。中國唐代玄奘法師由梵譯漢，分三十卷。梵語「阿毗」（Abhi），意為對；「達磨」（dharma），意為法；「俱舍」（kośa），意為藏，故「阿毗達磨俱舍」，即「對法藏」之意。其中之「對法」，指《對法論》本論；「藏」，指攝持包含本論勝義之論，稱作《對法藏》。

聽聞、思維，直至對教法真諦生起信解；隨後藉禪定修持，增長實修之體驗。

第三句「為著此生而修持之」闡釋，但若貪戀於僅此短暫一生的安樂，以執著此生為目的而修持持戒、聽聞、思維、禪修等次地，則以上所有修行皆成為了有漏法。

於版本校勘上，依據《續部總集》所載之木刻版文本，此句的前三字藏文「ཚེ་འདི་ལ」之後，加注有較小字級之附注文字：「⋯མཆོད་བརྗོད་དང་། བཤད་པར་དམ་བཅའ་བ་བསྟན་ཏོ།」。經比對多種近代數位輸入新校版本後，採用各種現代新校版之主張，將此小行附注轉列於緊接前文「乙二、誓言造論與造論目的」之後（參見本書第139頁）。

第四句「非法行應捨棄矣」則闡明，所有曾經付諸的修行，亦因成為了染汙的不淨有漏法，而無法致生令自己成為具格行者（合格修行人）之因，所以受此生牽絆、執著於此生，以此生安樂為目的的不如法修行則應當立即斷滅捨棄。

丁一、持戒

修行者執持戒律，依目的、方法、心態、認知等方面詮釋，又可劃分為正面可取的「真實的持戒」，以及負面不可取的「非真實的持戒」等正反兩面。原典文本中，僅直接簡要地論述此正反兩面而不互做比較，聞者即可輕易領悟此中之利弊差別，言簡意賅。首先論述正確持戒的定義。

戊一、真實的持戒

【譯】首先[483]略解釋戒律，投生善趣根本者，證得解脫階梯者，捨離苦厄對治者，無戒律不存在方便；

【解】對此，首先概略地解釋戒律的定義：持戒，為未來投生善道的根本條件，是證得解脫的階梯，是戒除、捨離苦厄的對治者。

「首先略解釋戒律」一句說明，在修心的修行次第上，對於最底層的凡夫來說，絕大多數只在乎如何求取此生的欲樂或如何迴避此生的痛苦，而無法思及脫離輪迴、救度眾生等佛教哲學所主張較高的精神層次，故在此首先從其基本欲求與動機著手，循循善誘。若站在凡夫的觀點，若論世間諸樂，莫過於人天欲樂，即人間甚或天界的最上善欲樂。所以首先加以誘導，說明欲投生人天善趣，免於墮落下三道等惡趣承受諸苦，根本條件即是執持戒律，規範己身。

「投生善趣根本者」中之「善趣」（མཐོ་རིས། mtho ris/），又稱上界、上種、善道，又稱上三道，指六道中多行上品善業為因，並依善業而趣往投生、享受善報為果的三類有情眾生，即：天、人、修羅等三善道。另有稱唯天趣與人趣等二道為善趣，合稱「人天善趣」，其餘皆為惡趣。進一步說，持戒不僅是獲得善趣的根本，更是脫離輪迴、證得解脫的階梯，是對治世間痛苦、戒除苦因、捨離輪迴苦厄的良藥。所以若論修心，首先須執持戒律。

佛教密乘的戒律，總括於三律儀中，由小至大依序即：別解脫戒、菩薩戒和密乘戒等三種律儀。其中的別解脫戒，於受戒後能使個人的身、語、意等惡業，別別解脫，故得名別解脫戒。別解脫戒為佛教中一般的、

共通的戒律，為於初機時順應不同佛教眾弟子的現實生活情況，故各眾弟子可持守不同的別解脫戒，例如：已受皈依戒之佛教徒應持守基本「在家五戒」，簡稱五戒；男女在家居士及沙彌、沙彌尼等，應持由五戒擴充的十戒，沙彌尼持三十六戒；受具足戒的比丘須執持兩百五十條比丘戒。執持戒律能避免投生惡道，故持戒為投生至善趣的根本法則與道路。

「證得解脫階梯者」一句中闡釋，除了須遵守上述各別基礎戒律之外，皆各需再加行持「十善」，即不造做身（殺、盜、淫等三種）、語（兩舌、妄語、惡口、綺語等四種）、意（貪、瞋、癡等三種）之十種惡業。十善應行，盡力造作；十惡應避，盡力遏止。執持戒律，奉行善行，拾級而上，終得解脫，故持戒為證得解脫的階梯。

「捨離苦厄對治者」一句說明，由於苦能生起煩惱，故捨離苦厄，即能熄滅煩惱。在此說明持戒是苦厄的對治者，能助捨離苦厄。以上四句的藏文文本皆為七字，對仗工整。

此處最末「無戒律不存在方便」一句，即說明修行若沒有戒律，能幫助解脫的方便法門則不復存在，為此段落做一小結論。依據已故薩迦派經師——堪千·阿貝仁波切的開示文[110]，將此句與前文一頌（四句）合併講解，一併貫聯闡釋。

於波羅蜜多乘或般若乘（因乘、顯宗）中，「方便」梵語與巴利語同為「漚和」（upāya），依據《實用佛學辭典》[111]所載，有「般若」與「真實」等二種解釋 。一、就般若而解釋，達於真如的智慧，稱作般若；通於權道的智慧，稱作方便，而權道則為利他（利己的反面）的手段。依照這樣的解釋，則佛教中一切大乘、小乘，皆概稱作方便。所以，「方」有：

---

110 《大乘禪修引導文》，第87頁。

111 余了翁，《實用佛學辭典》，佛學書局，民國二十三年（1934）。

方法、方正之理、眾生之方域等意義；「便」有：便用、巧妙之言、教化之便法等意義。故方便一辭就般若而言，為「便用契於一切眾生之機」的方法，為「對種種之機，用方正之理與巧妙之言辭」，亦為「應諸機之方域，而用適化之便法」，為普遍通達一切大範圍之佛教而起之名。二、就真實而解釋，「方」為利物而有；「便」為隨時而施。所以方便，為「入於真實，能通之法」。故方便一辭就真實而言，「究竟之旨歸」為真實；「假設暫廢（暫時假立一名）」為方便。所以方便又可名為：善巧、善權，為「小乘入大乘之門」，得稱作「方便教」。三乘本皆為了通達於一乘而設，所以如同《法華經》中將一乘（大乘之菩薩乘）暫分三乘而說[112]，亦稱作方便教。《妙法蓮華經》〈方便品〉第二[113]：「佛子行道已，來世得作佛，我有方便力，開示三乘法。一切諸世尊，皆說一乘道，今此諸大眾，皆應除疑惑，諸佛語無異，唯一無二乘。」由此知往昔釋迦牟尼佛以方便之力，暫時開示三乘教法。因為此處判一切法為方便、真實等二種。

　　若從「二諦」學說另作詮釋，方便為世俗諦，為暫時、相對之權宜方法；而真實則為勝義諦，為究竟、絕對之終極目的。於金剛乘（果乘、密乘）中，「方便」（ཐབས། thabs/），為如同息災、增益、懷攝、誅滅等密續所載之「世間四事業」以及出世間的各種解脫法門，指顯乘所無，唯密乘所有之不共善巧方便，為達到終極目的——解脫之「方法」，非目的之本體。此處方便即泛指能助脫離輪迴苦厄的方便法門，沒有戒律就沒有解脫的方便；故於《大乘禪修引導文》一書中對此句漢譯成「無戒不解脫」。

　　在格律上，此段最末句「無戒律不存在方便」與下段第一句「貪戀此

---

112 依《法華經》（全稱《妙法蓮華經》）所釋，三乘為：聲聞乘、緣覺乘、菩薩乘。其中聲聞乘、緣覺乘等二乘為小乘，菩薩乘為大乘。

113 中華電子佛典協會（cbeta）〔法華部類〕〔法華部〕，第九冊，No. 0262《妙法蓮華經》。

生而為戒律」，於字數上皆同為八字，二句在段落位置上可謂相互對比，自成半偈（一偈四句）。但於文義上，「無戒律不存在方便」所詮釋的內容應屬本段「丁一、真實的持戒」的論述範圍，主要作為本段的一個小結論。在藏語文中，此句句尾的虛詞᠌᠌（ste/）做帶餘詞（待述詞）用，於口語中用來轉折前後語義的相反、相對、不相容等關係，例如劃分此段真實的持戒與下段不真實的持戒；或用於上文語義未竟，且下文有待說明時。於辯證上，此段文義至此句稍歇，主要作正面論述；待下段「貪戀此生而為戒律」一句為首再另起說明，作反面論述。

至此主要闡釋執持戒律的真實態度，即正確的持戒方法與目的。

戊二、非真實的持戒

|ཚེ་འདི་ལ་ཞེན་པའི་ཚུལ་ཁྲིམས་ཏེ། །ཆོས་བརྒྱད་བསྒྲུབ་པའི་རྩ་བ་ཅན། །ཚུལ་ཁྲིམས་དམན་ལ་གཤེ་བ་ཅན། །ཚུལ་ཁྲིམས་ཕུན་ལ་ཕྲག་དོག་ཅན། །རང་གི་ཚུལ་ཁྲིམས་རྫོ་ཐབས་ཅན། །ངན་འགྲོ་བསྒྲུབ་པའི་ས་བོན་ཅན། །བཅོས་མའི་ཚུལ་ཁྲིམས་བཏང་ལ་ཤོག

【譯】貪戀此生而為戒律，助長八風根本者，低劣戒律咒罵者，具足戒律忌妒者，自之戒律矯情者，墮入惡趣種子者，虛偽戒律捨棄矣！

【解】若沒有戒律，能助解脫的方便法門則不復存在。倘若是以貪戀此生為目的之戒律（持戒的動機不正確），則是助長「八風」的根本；又，咒罵持戒低劣者，忌妒持戒優良者，自我戒律虛偽矯情者，是墮入「惡趣」的種子，所以虛偽不真的戒律，應當捨棄！

如上段所述，「無戒律不存在方便」與「貪戀此生而為戒律」二句在字數上同為八字，迥異於前後頌偈的七字結構，自成半偈，但於文義上卻分屬二個不同段落，使得上段「戊一、真實的持戒」呈現了五句結構，而本段「戊二、非真實的持戒」則呈現七句結構。故此段「丁一、持戒」的

語句格律，若以上文中的虛詞ste/（ste/）來做文義上的劃分界線，則形成了前後文義結構分明，但上下二段皆為單數之不對稱奇形文體。此體例與格律相對嚴謹且多講求雙數語句對仗的中國詩詞相較，即突顯出藏語文學不同文化的文學特色與差異。

首句「貪戀此生而為戒律」為此段落做了破題，主要別開引出假設「以貪戀此生為目的而持戒」的負面課題。以上二句皆為八字，自成對仗，為此段頌文中字數稍有差異之二句。

「助長八風根本者」一句中之「八風」（ཆོས་བརྒྱད། chos brgyad/），又稱八法、八世風、世間八法（འཇིག་རྟེན་ཆོས་བརྒྱད། 'jig rten chos brgyad/），指與自己相關，對己有所褒貶損益即心生喜憂好惡的八種世間事：利、衰；毀、譽；稱、譏；苦、樂。此世間八法，為世間人所愛憎、好惡，以其能煽動人心，蠱惑心志，故得名為八世風。其中：利、譽、稱、樂等四項順心之事歸為「四順」，即世間常情之四種順遂；衰、毀、譏、苦等四項不順心之事則歸為「四違」，即世間常情之四種違逆。八事兩兩相對，構成四組（利益對衰損；詆毀對名譽；稱讚對譏諷；痛苦對快樂）。因其等八事，皆如風之來去，又似浮雲聚散，追逐其中毫無意義，故受稱作八風。此句承接上句的破題，說明若為了貪戀此生而持守戒律，如此行為是助長世間八風的根本。

5.1 世間八風之順違對應表

八風　　順違	四順	四違
ཆོས་བརྒྱད 八風 世間八法	利 རྙེད་པ།（獲得、獲利）	衰 མ་རྙེད་པ།（不得、無獲利）
	譽 སྙན་པ།（名譽）	毀 མི་སྙན་པ།（不名譽、丟臉）
	稱 བསྟོད་པ།（稱讚、頌揚）	譏 སྨད་པ།（譏諷、辱罵）
	樂 བདེ་བ།（快樂）	苦 མི་བདེ་བ།（不樂、痛苦）

　　此外，世間八法又稱作輪迴八法，又被解讀為四組直接的期望與畏懼，即：期望得利，並畏懼失去；期望名譽，並畏懼丟臉；期望受讚揚，並畏懼受譏罵；期望快樂，並畏懼痛苦。此中的期望與畏懼，皆充滿著相互衝突與矛盾。追逐此等八法，無不積聚貪、瞋、癡等三毒所成之惡業，因而墮於輪迴，故依此得名輪迴八法。

　　以下三句具體例舉非真實、不如法的持戒態度與方法，說明若為了此生的世間利益而持戒，僅能促成世間八風（八法）的因：

　　「低劣戒律咒罵者」一句於修辭學上為倒裝句，指咒罵、譏諷或詆謗持戒不精嚴、戒律不清淨的人。

　　「具足戒律嫉妒者」一句同為倒裝句語法，指嫉妒、甚至詆毀持戒較自己精嚴、清淨的修行人。

　　「自之戒律矯情者」，指過度批評他人持戒的優劣，但對於自己的持

戒卻虛假矯情。

而「墮入惡趣種子者」一句中，所謂的「惡趣」（ངན་འགྲོ། ngan 'gro/）相對於善趣，又稱下界、下種、惡途、三途，又稱下三道，指六道中多行上品惡業為因，並依惡業而趣往投生、遭受惡報，往趣承受純上品痛苦為果的三類有情眾生，即：旁生（畜生）、餓鬼、地獄等三惡道。另有稱再加修羅一道，合稱四種惡趣或四惡道。此句說明如若以上三句所指非真實的持戒，未來皆成為墮入三惡道的種子。

此段最後「虛偽戒律捨棄矣」一句亦為倒裝句，內容為此段的小結，說明應當捨棄如上所述虛偽、非真實的持戒，戒之慎之！

以上六句皆為七字，對仗工整。

至此，主要闡釋非真實的持戒，即揭露不正確的持戒方法、態度與目的，並說明應捨棄不正確的持戒。

丁二、聞思

對於聽聞、思維、修持等三慧中的聞與思，造論者亦將之區分為如法、真實的聞思，與不如法、非真實的聞思。以此做為正反兩面立論之對比。此外佛教中所謂的「資糧」（ཚོགས། tshogs/），分「福德資糧」與「智慧資糧」二種；本段字面上論述聞思，實又隱含分論二種資糧之道理。以下首先論述真實的聞思。

戊一、真實的聞思

།ཐོས་བསམ་བྱེད་པའི་གང་ཟག་དེ། །ཤེས་བྱ་བསྒྲུབ་པའི་ལོངས་སྤྱོད་ཅན། །མ་རིག་མུན་པའི་སྒྲོན་མེ་ཅན། །འགྲོ་བ་འདྲེན་པའི་ལམ་རྒྱུས་ཅན། །ཆོས་ཀྱི་སྐུ་ཡི་ས་བོན་ཅན།

【譯】行聞思補特伽羅，識得所知受用者，消除無明燈炬者，引導眾生引路者，法之身之種子者。

【解】行持聽聞、思維的「補特伽羅」人，受用一切認識獲得的所知（認知知識），是消除無明陰暗的明燈火炬，是引導眾生的引路人，可說是法身的種子。

「行聞思補特伽羅」一句中，所謂「補特伽羅」（གང་ཟག gang zag），梵語པུད་ག་ལ༔（pudagala），漢譯：人、數取趣。佛教中主張，依附色、受、想、行、識等五蘊，可權且命名為：人、士夫、有情眾生。由於其身、心之中的一切功過時有增減，數數聚散，以此得名為數取趣，俗稱為人。此句主要概括指稱進行聽聞及思維的修行人。

以下四句闡釋真實聞思的利益：

首先「識得所知受用者」一句中，所謂「所知」（ཤེས་བྱ། shes bya/），為可認識之外境，即任何事物皆可令一切有情（眾生）之心，甚至佛心可了知之共同境界。所知在此又指累積知識的功德。而名詞「受用」（ལོངས་སྤྱོད། longs spyod/）一辭非指世俗的財富、物資等富裕的資糧，而是另指無形的、富足充沛的所知功德與修法資糧。故此句主要闡釋進行聽聞及思維佛法的修行者，可充實知識的所知財富功德，成為修法的資糧。此句隱含上述二資糧中的「福德資糧」，暗指藉由聞思所獲得的豐沛所知功德堪比世俗的財物資糧。

「消除無明燈炬者」一句中的「無明」（མ་རིག ma rig），指不知取捨、良莠不分、不能識得一切所知的本性，陰暗不明。故此句在修辭上主要以譬喻的方式，說明聞思是消除無明黑暗的一盞明燈。

由於驅除無明後即能趨向解脫，行者除了自解脫之外，更能藉此引導一切眾生脫離輪迴、離苦得樂，臻至大乘菩薩自度度人的圓滿功德，故「引導眾生引路者」一句說明了聞思佛法是引導眾生趨向解脫的引路人。

最末「法之身之種子者」一句為此段的小結。其中所稱「法之身」，即指法身（ཆོས་སྐུ། chos sku/，梵語：dharmakaya），為修行、證悟成就之後所成，且斷、證二功德已達究竟之果位身。以法身具備了諸多無漏功德，故能再從法身分出：變化身、圓滿報身、智慧法身、自性身等四身。此句說明如上所述真實的聞思，即是成就法身的種子。

以上五句，每句皆為七字，對仗工整。

戊二、非真實的聞思

།ཐོས་བསམ་ལ་མེད་ཐབས་མི་གནང་སྟེ། །ཚེ་འདི་ལ་ཞེན་པའི་ཐོས་བསམ་དེ། །ང་རྒྱལ་བསྐུལ་བའི་ལོངས་སྤྱོད་ཅན། །ཐོས་བསམ་དམན་ལ་བརྙས་པ་ཅན། །ཐོས་བསམ་ལྡན་ལ་ཕྲག་དོག་ཅན། །འཁོར་དང་ལོངས་སྤྱོད་ཚོལ་བ་ཅན། །ངན་འགྲོ་བསྐྲུབ་པའི་རྩ་བ་ཅན། །ཆོས་བརྒྱད་ཀྱི་ཐོས་བསམ་བཏང་ལ་ཞེན།

【譯】無聞思不存在方便；貪戀此生而作聞思，促成我慢受用者，聞思下劣輕蔑者，具足聞思嫉妒者，眷屬受用追求者，墮入惡趣根本者，八風之聞思捨棄矣！

【解】沒有聽聞、思維，方便即不存在，但倘若貪戀此生而作聞、思，以世間的受用福報為目的只會促成我慢的態度，輕視蔑低具有下劣聞思的人，嫉妒具足優良聞思的人，追求世俗的眷屬與受用福報，是墮入惡趣的根本，所以應當捨棄帶有世間八風的聞、思！

「無聞思不存在方便」一句，即沒有聽聞、思維佛法，就不存在所謂的方便。此句在修辭上可比對前段「丁一、持戒」中「戊一、真實的持戒」的最末句「無戒律不存在方便」。

此二句同為雙重否定的語法，皆將主詞「戒律、聞思」與受詞「方便」做同位排比，即：此生彼即生、此滅彼不存的相屬連結。且二句的句尾皆同為口語性質的虛詞སྟེ།（ste/），稍歇、轉折了上下文相對的文意，且做為前文正面論述與後文反面論述等正反文意間的區隔。

此句與前句「無戒律不存在方便」在文體鋪陳的異同比較上：差異之處，在於前句「無戒律不存在方便」屬「真實的持戒」的最末句，做轉折下文「非真實的持戒」之用；本句「無聞思不存在方便」則屬「非真實的聞思」的首句，做轉折上文「真實的聞思」之用，雖皆起到了轉折不同文意的作用，但位置不同，各自分屬不同段落。而相同之處，則在於皆與各自段落中自成半頌的下句，形成了字數對仗（同為八字），且產生了轉折前後文不同文意的作用。例如：前文「無戒律不存在方便；貪戀此生而為戒律」，對比本段「無聞思不存在方便；貪戀此生而作聞思」，皆各成半頌（二句），且轉折前後文意。

猶如前述的二種「資糧」，此句內容即闡釋了如法、真實的聽聞與思維佛法同時也是「智慧資糧」，不可或缺。離了聞、思，就失去能趨向解脫的方便。以下開始，對「非真實的聞思」這一負面議題進行論述。首先設提：「貪戀此生而作聞思」，意即假使行者所做的聽聞、思維，是以貪戀此生的利益為目的，這是不如法、非真實的聞思。至於做此虛偽不實的聞思有何實例？有何過患？以下緊接著論述。

如同前文所解釋做為名詞之用的「受用」（ལོངས་སྤྱོད། longs spyod/），「促成我慢受用者」一句為倒裝句，說明為了個人財富、物資、名譽等世間利益而進行聞思佛法，只會促成貢高、「我慢」（ང་རྒྱལ། nga rgyal/）等染

汗。即追求物欲等不如法的聽聞、思維佛法，即是促成倨傲自矜與侮慢他人的負面結果，毫無益處。以下文句同為修辭學上的倒裝句。

另關於非真實的聞思實例，「聞思下劣輕蔑者」等句說明，輕蔑、歧視或諷刺、挖苦在聞思方面較自己低下的修行者。並且嫉妒、誣謗較自己優異，且真正具有聞思的行者。不如法的聞思者僅追求與個人眷屬親友有利的事物，以及世間的種種福報受用。這些不真實的聽聞與思維佛法，其實就是未來墮入地獄道等三惡趣的根本因素。

此段最末「八風之聞思捨棄矣」一句則為上文做小結，闡釋由上述各種實例可知，應當捨棄為了八風或世間利益而進行虛偽不實的聞思佛法！

以上六句，除最末一句為八字，其餘五句皆為七字。誦讀時，最末句若將「八風之」三字中的「風」與「之」二字做聯讀滑音，則可讀成三音二韻，與前五句可構成每句對仗工整之七音。

綜觀「丁二、聞思」內容，除了戊一、戊二等分別敘述真實與非真實的聞思，若再加細分，則尚可分作：真實的聽聞、非真實的聽聞；以及真實的思維、非真實的思維等四種正反面辯證的論述細項。在此造論者為了以道歌形式呈現以便聞法者易於了解，故疑為稍加省略從簡，僅略分為真實與非真實的聞思。

丁三、禪修

在聞、思、修等「三慧」中，在此針對禪修作深入剖析，並加以區分其真實與非真實等面貌。由於僅僅依靠聽聞及思維，仍極難完全斷除行者心相續（心中相繼延續不斷）中不清淨的煩惱惑，故需再藉由禪修作徹底的斷除煩惱。首先闡釋真實的禪修。

戊一、真實的禪修

།སློབ་པ་བསྒྱུད་པའི་གང་ཟག་ཀུན། །ཉོན་མོངས་སྤྱོང་བའི་གཉེན་པོ་ཅན། །ཐར་ལམ་བསྒྲུབ་པའི་རྩ་བ་ཅན། 〔།གནས་ལུགས་རྟོགས་པའི་ལོངས་སྤྱོད་ཅན།〕 །བྱང་ཆུབ་བསྒྲུབ་པའི་ས་བོན་ཅན། །སློབ་པ་ལ་མེད་ཐབས་མི་གནང་སྟེ།

【譯】遍補特伽羅作修，捨離煩惱對治者，修解脫道根本者，〔證悟實相受用者，〕成就正覺種子者，無修行不存在方便；

【解】遍諸任何作修行的「補特伽羅」人，修行是捨離煩惱的對治者，是修證解脫道的根本，〔是為證悟本性實相的財富受用，〕亦是成就正覺佛果的種子，沒有修行則方便不復存在。

對比前文「丁二、聞思——戊一、真實的聞思」的首句「行聞思補特伽羅」，本段首句「遍補特伽羅作修」的「補特伽羅」，即意指遍諸所有作修行的人，此所謂修行則專指聞、思、修等「三慧」中的禪修、修持或修行。

「捨離煩惱對治者」一句中之「煩惱」（ཉོན་མོངས། nyon mongs/），梵語「吉隸舍」（ཀླེཤ klesha），漢譯：染汙、雜染、惑、漏，指能擾亂身心，令身心艱苦難受，致心情難以平靜，甚至造作惡業之情緒。本句以修辭的方式闡釋了真實的禪修，能捨棄、遠離煩惱惑，能正對治煩惱，堪為煩惱染汙的對治者。

「修解脫道根本者」一句中之「解脫道」（ཐར་ལམ། thar lam/），即具足厭離（ངེས་འབྱུང་། nges 'byung/，或指厭離心、出離心）並尋求脫離輪迴苦厄的道路，故稱解脫道。在輪迴的因果本質方面，堪千‧阿貝仁波切曾開示：輪迴的因，為有漏的業與煩惱；輪迴的果，為投生至六道。而禪修即為脫離六道輪迴的根本之道，亦為小乘人趨向羅漢果位的解脫道路。

本文所引用之藏文文本《續部總集》所載錄之《傑尊・札巴嘉稱造：離四貪戀》在此處缺一句，另對比藏文原典《薩迦五祖文集》之《札巴嘉稱文集》〈離四貪戀教誡〉，於此處增有「證悟實相受用者」（ གནས་ལུགས་ རྟོགས་པའི་ལོངས་སྤྱོད་ཅན། /gnas lugs rtogs pa'i longs spyod can/）一句[114]。此缺句意即：禪修是明確無誤、證悟通達一切法之本性、自性的智慧資糧，此受用資糧不僅能豐富行者自己的智慧，更能利益他人趨向解脫，最終令自他兩利，登置佛果。此句之「受用」（財富、物資）與下句之「種子」，皆為藏語文修辭學中的譬喻。《大乘禪修引導文》一書中對此句譯為：「證悟自性財」。

「成就正覺種子者」一句中之「正覺」（ སངས་རྒྱས། sangs rgyas/），意為已證得正等正覺的覺者，其煩惱障與所知障等二障之染汙已完全清淨，如所有智與盡所有智等二智已盡顯圓滿，故正等正覺，即為佛，或稱佛陀（梵語： བུདྡྷ Buhhha）。由上文可知，禪修實為自他成就佛果的因素。正如此句所闡釋，為了自利利他，因而如法、真實的禪修，是成就佛果的種子。以上五句，每句皆為七字，對仗工整。

本段最末「無修行不存在方便」一句，亦可與前述「丁一、持戒」及「丁二、聞思」中的「無戒律不存在方便」、「無聞思不存在方便」等句的修辭語法與文字結構作同類相比。由此可知戒律以及聞、思、修等三慧，皆為「乙一、【若貪戀此生 非行者】」所特別著重、強調的重點，亦皆為助於解脫輪迴的方便法門，且須拾級而上，次第而修。

---

114 《札巴嘉稱文集》〈離四貪戀教誡〉，藏文古籍刻本1736年德格版《薩迦五祖文集》第四卷第9函，印度 新德里(New Delhi)：薩迦中心(SAKYA CENTER)，1993年出版，美國紐約藏傳佛教資源中心（Tibetan Buddhist Resource Center, New York, USA）掃描，第595頁，第5行。

戊二、非真實的禪修

།ཚེ་འདི་ལ་དམིགས་པའི་སྒོམ་པ་དེ། །དབེན་པར་བསྡད་ཀྱང་འདུ་འཛི་ཅན། །ཁོང་གཏམ་སྐྱ་བའི་ཁ་ཏོན་ཅན། །ཐོས་བསམ་བྱེད་ལ་སྐུར་བ་ཅན། །སྒོམ་པ་གཞན་ལ་ཕྲག་དོག་ཅན། །རང་གི་སྒོམ་པ་ར་མེད་ཅན། །ཆོས་བརྒྱད་ཀྱི་བསམ་གཏན་དབོར་ལ་ཞིག…

【譯】為著此生而作修行，空寂而居喧囂者，空談瞎說經懺者，行聞思而謗撥者，他人修行嫉妒者，自之修行懈怠者，八風之禪定捨棄矣！

【解】但若以此生為目的而作修行，居住於空閒寂靜之處也變得混亂喧囂，日修儀軌經懺時也成為空談瞎說，對行聞思者加以詆謗挑撥，忌妒他人的修行，但自我的修行卻懈怠懶散，如此帶有八風的禪定應當捨棄！

以下為負面論述，並列舉非真實禪修的實例及過患。首先興起一假設議題：「為著此生而作修行」，意即假使為了此生個人利益為目的而作修行。此句於字數結構上若與上段最末句「無修行不存在方便」相合，二句皆為八字，於此段頌文中自成對仗。

適當的靜慮禪修之處為遠離喧囂、空幽靜謐的寂靜之處；但若是貪戀世間利益，以世間八風為目的，則如「空寂而居喧囂者」一句所說，就算是身居空幽寂靜之處，也不由自主地營造成喧囂吵雜的環境。

而行者修持經懺或持誦日常修習的日修儀軌時，則必須靜心、禁語，圓滿誦修持續不間斷，專注於修持；倘若為不如法的禪修，則如倒裝句「空談瞎說經懺者」所言，於誦修經懺時分心言談，中斷誦修並言不及意，胡亂言語。

如是更加詆謗、挑撥對於聞思精進如法的修行者；並嫉妒正在進行如法禪修的他人，此即論中所述「行聞思而謗撥者，他人修行嫉妒者」。不真實的禪修者，自身不能將心安住於正知、正念，於禪修時鬆懈、怠惰，墮入昏沉、掉舉等散漫怠惰的狀態。此等實例皆是以世間八風為目的之非

真實禪修。

此段落的倒數第二句「自之修行懈怠者」，（ །རང་གི་སྒོམ་པ་རྣམ་གཡེང་ཅན། ／ rang gi sgom pa rnam gyeng can/ ）一句，於異本《薩迦五祖全集對勘本》[115] 中在此特別標記為「：རང་གི་སྒོམ་པ་རྣམ་གཡེང་ཅན། །（《ལུ》－རང་གི་……གཡེང་ཅན། །）」[116]。

末句「八風之禪定捨棄矣」中之「禪定」（བསམ་གཏན། bsam gtan/ ），梵語「三摩地」（ས་མཱ་དྷི sama'dhi ），漢譯：定、禪定、靜慮，指心靜止沉澱不散亂，不摻雜煩惱染汙，一心專注之狀態。又另稱作決定（ངེས་པ། nges pa/ ），指由上述心境狀態所生之因，能生起一切正量智慧之果。此句為本段之小結，闡述應當毫不貪戀、斷然捨棄以八風為目的之不如法、非真實的虛偽禪修！

以上六句，除最末一句為八字，其餘五句皆為七字。同前段（丁二、聞思），誦讀時最末句若將「八風之」三字中的「風」與「之」二字做聯讀滑音，則可讀成三音二韻，與前五句可構成每句對仗工整之七音。

---

115 札巴嘉稱 著：先哲遺書（十四）《薩迦五祖全集對勘本（12/15）》，百慈藏文古籍研究室編輯整理，北京：中國藏學出版社，2007年4月，第333頁。

116 考其「：、《ལུ》、－」等三種特殊符號之用意，如同本書書後附錄之「三、本文所採用的藏文版本與其他藏文版本之概略比較」末尾所論述，依據藏文版「先哲遺書《薩迦五祖全集對勘本》叢書」中的藏文單本目錄小冊《薩迦文集版本較量目錄》所解釋，在此表義為緊隨「他人修行嫉妒者」一句之後，添加了「：」（上下明點符號），表示於此句之後有異同之情況。再於上下明點符號「：」之後，陳述了「自之修行懈怠者」一句，並於此句後的括弧中標記有「《ལུ》－རང་གི་……གཡེང་ཅན། །」之符號與簡略文句。符號《ལུ》表徵為由魯蒲寺所制定之版本（ལུ་ཕུ་དགོན་གྱི་དཔེ། lu phu dgon gyi dpe/ ）；符號「－」（橫線減號）表徵為缺少、短少之意，意指缺少了「自之……懈怠者」一段文字。故全意為相對於藏東康區德格印經院的「德格版」（སྡེ་དགེའི་དཔེ། sde dge'i dpe/ ）文本來說，此處於「他人修行嫉妒者」一句之後，在魯蒲寺所制定的版本中缺少了「自之修行懈怠者」一句。此為《薩迦五祖全集對勘本》對本釋論所作之細微校勘。

【譯】（以上，依《俱舍論》所宣說：「依戒具聞思，實修三摩地」[484] 之義，於真實與非真實之差別，為直敘教；暇滿難得、死亡無常之修習法，為間接教。）

【解】以上內容，依據《俱舍論》[117]所宣說：「依戒具聞思，實修三摩地」的意義，直接敘述了應加以區別真實（清淨、如實，究竟目標）與非真實（近似、虛妄，世俗目標）等二者的差別；並間接敘述了「暇滿人身難得」、「生命死亡無常」的修習法。此段疏解文字為薩迦班智達所增添。

對於《離四貪戀》法要的第一句（乙一）【若貪戀此生　非行者】，薩迦班智達在此處為造論者——傑尊・札巴嘉稱所做的文後小注中作了三處梳理：

其一、為引《俱舍論》的二句經文內容作比較與詮釋。

其二、闡釋了「直接敘述」的真實與非真實等二種正反論點。

---

117 《俱舍論》（མངོན་པ་མཛོད། mngon pa mdzod/），全稱《阿毗達磨俱舍論》（ཆོས་མངོན་པ་མཛོད། chos mngon pa mdzod/, 梵語：Abhidharmakosha）或《阿毗達磨俱舍論本頌》，屬佛教說一切有部的論典，約公元五世紀時印度阿闍梨・世親（སློབ་དཔོན་དབྱིག་གཉེན། slob dpon dbyig gnyen/, 梵語：Vasabandhu, 音譯「婆藪盤豆」，約380－約480）論師所造，全論為頌偈體，分八品：〈分別界品〉第一、〈分別根品〉第二、〈分別世間品〉第三、〈分別業品〉第四、〈分別隨眠品〉第五、〈分別道及補特伽羅品〉第六、〈分別智品〉第七、〈分別定品〉第八。中國唐代玄奘（602-664）法師由梵文譯為漢文。唐 玄奘譯：《阿毗達磨俱舍論》，中華佛典寶庫《大正新修大藏經》〔毗曇部〕，第二十九冊，No. 1558《阿毗達磨俱舍論》，共30卷。

印度二勝六莊嚴中的「對法莊嚴」之一、《俱舍論》造論者
——阿闍梨‧世親（ སློབ་དཔོན་དབྱིག་གཉེན། ）論師

第三、闡釋了「間接敘述」的觀修暇滿難得、死亡無常等二種修持法。

丙二、間接敘述：觀修暇滿難得、死亡無常

藏傳佛教共通的四種加行（前行）[118]為：暇滿人身難得、生命死亡無常、業果從捨（善惡因果的取捨）、輪迴過患。斷除貪戀此生，可運用方便與智慧。本段「間接敘述」之方便法門中，亦分前行、正行、支分（或結行）等結構。即：

1. 前行——觀修「暇滿人身難得」；

2. 正行——觀修「生命死亡無常」；

3. 支分（或結行）——觀修「因果業力」。

丁一、觀修暇滿人身難得

觀修暇滿人身難得，為此處「間接敘述」的預備前行。依據薩迦派對於「四共加行」的見解，首先為觀修「暇滿人身難得」。於觀修暇滿人身難得中所謂的「暇滿」（དལ་འབྱོར། dal 'byor/），分「八有暇」及「十圓滿」。

八有暇（དལ་བ་བརྒྱད། dal ba brgyad/），即：遠離1.地獄、2.餓鬼、3.畜生（旁生）、4.邊鄙人、5.長壽天、6.執邪見、7.佛不出世、8.瘖啞等，計遠離八種無暇，意即非八種無暇修學佛法之人。

十圓滿（འབྱོར་པ་བཅུ། 'byor pa bcu/），又分自、他二種圓滿，即：1.生為人、2.生於中土（投生於佛法弘傳之主要地區，或指印度之金剛座聖地）、3.諸根俱全（四肢及五官健全）、4.未犯無間（未違犯致墮入無間地獄之

---

118 關於藏傳佛教共通的四加行，於順序上各宗派主張略有不同，此處的共通四加行先後順序為依薩迦派之主張。

二勝六莊嚴中的「對法莊嚴」之一、《瑜伽師地論》造論者
——至尊・無著（ཇེ་བཙུན་ཐོགས་མེད།）論師

重罪)、5.敬信佛法等五種「自圓滿」（རང་འབྱོར་ལྔ། rang 'byor lnga/）；以及6.值佛出世、7.值佛說法、8.佛教住世、9.隨入佛教、10.於淨善之善知識有順緣（遇佛法良師）等五種「他圓滿」（གཞན་འབྱོར་ལྔ། gzhan 'byor lnga/）。

故知現已獲得暇滿難得而珍貴的人身，即須刻不容緩，把握當下而即刻精進修持。

丁二、觀修生命死亡無常

觀修生命死亡無常，為此處「間接敘述」的主要正行。四種共通加行的第二項，即觀修「生命死亡無常」。其中所謂的「無常」（མི་རྟག་པ།　mi rtag　pa/），即指變異於常住的壞滅之法，或剎那間自身的遷移流轉。故緊接於觀修暇滿人身難得之後，需即觀修此珍貴難得的人身是無常之身，此脆弱的生命無時不刻面臨著死亡的到來。

如同印度論師無著菩薩（ཐོགས་མེད། thogs　med/，梵語：Asanga）所示：心中生起死亡無常的概念後，於修法即無困難可言。佛陀釋迦牟尼於示現涅槃前所遺最終之教言即是：一切有為法，皆為無常。故即應念及死亡無常，而毫不貪戀此生的一切物欲、親友，捨棄世間八風，精進修持。最後再加觀修因果業力，則為此處「間接敘述」的支分或結行。

由於此等二項「四共加行」（暇滿人身難得、生命死亡無常）的具體內容，於本釋論中並未以文字直接敘及，故在此暫不予以多作解釋與探討。

乙二、【貪戀輪迴 無出離心】

此為《離四貪戀》根本頌偈的第二句法要，其下「丙一、直接敘述：觀修輪迴過患」中再分出三要目：苦苦、壞苦、行苦。

此法要（乙二）包含了藏傳佛教四種共通「加行」（前行）中的：觀

修「輪迴過患」與「業果從捨」等二項，其中的觀修因果業力（業果從捨）為間接敘述。首先直接敘述輪迴過患中的各種苦。

丙一、直接敘述：觀修輪迴過患（分三）

།མྱ་ངན་འདས་པ་བསྒྲུབ་པ་ལ། །ཁམས་གསུམ་ལ་ཞེན་པ་སྤང་ཞིང་འཚལ། །ཁམས་གསུམ་ལ་ཞེན་པ་སྤོང་བ་ལ། །འཁོར་བའི་ཉེས་པ་དྲན་པར་འཚལ།

【譯】證得涅槃寂滅者，貪戀三界須作捨離；貪戀三界捨離戒除，輪迴過患做憶念。

【解】若要證得涅槃寂滅，必須捨離、戒除對三界的耽戀執著；若要捨離戒除貪戀三界，則須憶念輪迴的過失與憂患。

此段首句「證得涅槃寂滅者」所說之「涅槃寂滅」（མྱ་ངན་ལས་འདས་པ། mya ngan las 'das pa/），梵語涅槃、般涅槃（梵語：ནིརྦཱཎ། nirbana'/），意為寂滅、盡滅、脫離憂苦或超脫憂愁。達到寂滅、脫離憂苦的涅槃即是成佛，故此句興起了一課題，說明若是要證得涅槃寂滅的佛果則應當如何？於是緊接下二句，再再告誡務必捨離、戒除對欲界、色界、無色界等三界輪迴的貪戀、耽迷與執著；而若欲捨離對三界輪迴的貪戀，則如同此處末尾的倒裝句「輪迴過患做憶念」所說，須憶及、念起三界輪迴的過失與憂患。以上四句，第一、四句為七字；第二、三句為八字。以此第一、第二句為起題；第三、第四句則為答題。

針對輪迴的過患，佛教中主張有三苦、六苦、八苦等種類不一的苦厄，此處造論者擇取「三苦」：苦苦、壞苦、行苦之名目，分別論述如下。

丁一、苦苦

|དང་པོ་སྡུག་བསྔལ་གྱི་སྡུག་བསྔལ་ཏེ། །དམྱལ་སོང་གསུམ་གྱི་སྡུག་བསྔལ་ཡིན། །དེ་ལེགས་པར་བསམས་ན་སྐྱི་ག་འབྱུང་། །ཕོག་ཏུ་བཅུག་ན་བཟོད་ཐབས་མེད། །སྤོང་བའི་དགེ་བ་མི་བསྒྲུབ་པར། །དམྱལ་སོང་གི་སོ་ནམ་བྱེད་བྱེད་པོ། །དེ་འདྲ་ན་འདུག་ཀྱང་སྙེ་ལེ་ལེ།

【譯】首先苦厄之苦厄為，三惡趣之苦厄是，若善加思量皮肉顫，倘若墮入不能忍；斷之淨善未修習，惡趣之農作栽種者，若有此者可憐兮兮！

【解】首先說明「苦苦」：所謂苦厄的苦厄，即是三惡趣之苦厄，若仔細善加思維度量，則令人皮肉顫抖、膽顫心驚，倘若墮入此惡道當中將無法承受；捨棄遠離清淨的善行不去修習，卻去栽種墮入惡趣的莊稼農作，如果有這樣的人，真是可憐兮兮！

　　首句「首先苦厄之苦厄為」中之「苦厄」（སྡུག་བསྔལ། sdug bsngal/），又稱苦、痛苦、憂患等，佛教中「四諦十六行相」之一，例如苦諦四相：非常、苦、空、非我中之苦；其以逼害為本性，本質為害，以致生苦，故得名為苦、苦厄。句中所稱「苦厄之苦厄」，簡稱苦苦，《俱舍論》中主張此即苦的感受，為身、心感受到的痛苦，和與痛苦相應的心[119]以及所有心所[120]，以及此等痛苦之因緣（一切有漏之法）。此句為引題，以下為解釋。

　　「三惡趣之苦厄是」為倒裝句，此句承接上句的議題，說明所謂的苦苦即是旁生（畜生道）、餓鬼道、地獄道等三惡趣的痛苦。而「若善加思量皮肉顫」一句以比擬的方式，說明常人平時未能思及苦苦為何等痛苦，

---

119 心，梵語「質多」（citta），為無形之精神作用，概說為遠離所緣對境仍具有緣慮思量之作用者。

120 心所有法，簡稱心所、心所法，梵語caitta或caitasika，即心的差別或心所有的各種思想現象。心所有法包含五十一法，即：五種遍行、五種別境、十一種善心所、六種煩惱、二十種隨眠，以及四種不定。

故在此請君特別設身處地去模擬、思維墮入三惡道時的痛苦，一但能體會三惡道中所受的各種難能忍受的巨大痛苦，即無不令人膽戰心驚、皮肉顫抖！所以說「倘若墮入不能忍」，即一但墮入三惡道中，則必定難以忍受，痛苦難忍。

倒裝句「斷之淨善未修習」以下，為以比喻的方式作論述。意指倘若未能善加修習能斬斷苦厄的清淨的善行，則如緊接下句之倒裝句「惡趣之農作栽種者」所言，這是栽培種植如同三惡道的農作物，即是自種惡因、自食惡果。

對於「惡趣之農作栽種者」一句，考藏文原典各文本作比對，此處僅為一句。《大乘禪修引導文》一書中將此句拆譯為「造作惡業者，自種惡趣因」等二句，於句數上雖有差異，但文意相通，故為漢譯者所作不同詮釋。

末句「若有此者可憐兮兮」中的「可憐兮兮」（ཞེ་ལེ་ལེ། the le le/），意為誠可憐、堪哀憐，藏語文口語，此處以口語化之語氣作此段頌偈之結尾以加強語氣；該辭亦可同於台語、福建語等河洛話之「虛累累」。此口語或能呈現西元十二～十三世紀宋元時期古西藏語文的原始風貌。本句意即：若有如上所述之情事，如同自己種下投生惡趣的莊稼，遲早自食惡果，處境堪憐，可憐兮兮！

以上七句，第一偈「首先苦厄之苦厄為，三惡趣之苦厄是，若善加思量皮肉顫，倘若墮入不能忍」等四句中，前二句與後二句對仗，即第一、第三句等單數句字數為八字，第二、第四句等雙數句字數則為七字，於誦讀時呈前後呼應之音韻。後三句除了第五句字數為七字，最末二句字數為八字，此處第五、六句為半頌，最末句以詩歌體例之氣韻作強調。

丁二、壞苦

།འགྱུར་བའི་སྡུག་བསྔལ་བསམས་ན། །མཐོ་རིས་ངན་འགྲོར་འགྱུར་བ་ཡོད། །བརྒྱ་བྱིན་ཕ་མལ་དུ་སྐྱེ་བ་ཡོད། །ཉི་
ཟླ་མུན་པར་འགྱུར་བ་ཡོད། །འཁོར་རྒྱལ་བྲན་དུ་སྐྱེ་བ་ཡོད།
དེ་ཡིན་ལ་བཟ ེན་ནས་ཡིད་ཆེས་ཀྱིས་ཀྱི། །ཕལ་བས་རྟོགས་པར་མི་ནུས་པས། །རང་སྐྱོན་མི་ཡི་འགྱུར་བ་ལྟོས། །མི་
ཕྱུག་པོ་སྤྲང་པོར་འགྲོ་ཡིན་འདུག །ཁ་དྲག་པོ་ཞན་པོར་འགྲོ་ཡིན་འདུག །མི་མང་པོ་གཅིག་ཏུ་འགྲོ་ཡིན་འདུག །དེ་
ལ་སོགས་པ་བསམས་མི་ཁྱབ།

【譯】若思量變異苦厄,有善趣成為惡趣,有帝釋入凡庸生世,有日月成
為陰暗,有輪王成奴生世;

宜相信此授記預言,凡庸不能將之悟。觀待吾等人變異:富人淪為乞丐
是!豪強淪落為弱勢是!眾人轉變成寡少是!彼等皆是不思議。

【解】倘若思維度量變異的苦厄,即知有善趣轉變成為惡趣,有帝釋天神
墮入平凡庸俗的生世,有日月轉成陰暗,有轉輪王落至奴僕的生世;

應當相信這授記預言,平凡庸俗之人不能理解領悟,觀待像我們一樣
的人類的變異:看那富人、財主淪落為乞丐!狂妄的豪強者淪落為弱勢之
人!人多聚眾卻轉變成人員寡少!這些都令人不可思議。

在此若與中國詩學的「賦比興」概念作比較,此段類似運用了「賦」
的鋪陳直敘、「比」的異同等類比喻,以及「興」的另起感發,同時兼有
中國唐代論「比興」時所慣用美刺比喻的「興寄」諷喻詩體。首先「若思
量變異苦厄」一句以直接敘述的「賦」鋪陳了假使思維、度量變異苦(
壞苦),有何等的過患?句中所謂的「變異苦厄」即本段的論述主題:壞
苦,或稱變異苦。相對於上段論述的苦苦,此處壞苦指身、心所感受的樂
受,和與樂受伴隨相應的心以及所有心所,以及產生此等樂受的對境。下
句「有善趣成為惡趣」,闡釋了在思及由樂轉苦的無常、變異的痛苦之
後,轉而開始「比」的表現手法,舉例了原本生存在天道、人道等人天善

趣中享樂的眾生，因變異而墮入了修羅道乃至畜生道、餓鬼道、地獄道等惡趣中受苦，以此作為高反差的比較或比擬。

　　緊接著以列舉事例的「興寄」作諷喻，在此直接列舉了輪迴世間諸天神中的帝釋天、日神、月神，以及轉輪勝王等神祇。「有帝釋入凡庸生世」一句中之「帝釋」（བརྒྱ་བྱིན/ brgya byin/），梵語「憍屍迦」（ཀོ་ཤི་ཀ Kooshika）或「因陀羅」（ཨིནྡྲ Indra），又稱帝釋天、帝釋天王，全稱：釋提桓因陀羅（Śakro devānām indrah），簡稱因陀羅，意譯為能天帝。帝釋天王為三十三天之天王，亦為欲界第二重天之天主，屬天界中之神祇。此句說明，看那貴為三十三天之主的帝釋天王或生於此天之帝釋天人等，猶有壽盡衰敗而墮入平凡庸俗的凡塵俗世，成為了凡夫。還有天空中最明亮的日神、月神等星曜之神（世界各民族文化的神話傳說或中國傳統神話中亦有主張日、月、宮、井、戶、灶等皆有專司之神，此處非指無生命的太陽、月球等自然星體），也有轉明為暗，壞盡墮滅之時；亦有人界、天界中無比威武，較之世間任何國王富裕莊嚴百千萬倍的轉輪勝王，壽命享盡後墮入凡間成為受人壓迫驅使的奴僕。以上五句除第三句為八字外，其餘四句皆為每句七字。

　　接下來七句亦類似以「比興」等表現方法作詮釋。「宜相信此授記預言」一句說明，由上述各種舉例可知，連帝釋、日、月、轉輪王等世間價值觀中認為無比高尚華貴的神祇，當其世間福報用盡、命終面臨天人衰敗時，也有墮入庸俗世間成為凡夫的變異之苦，所以應當相信如同佛陀如此的授記預言。然而如同文本所說：「凡庸不能將之悟」，意即這等壞苦的現象，還沉醉於短暫享樂中的平凡庸俗之人尚且難能知曉領悟其中的警訊。此二句闡釋了：雖然先哲聖人早已言明，但後世凡庸者仍不能覺悟、警惕，故藉此反面論述向此刻聆聽此法的諸君作規勸。

　　以下再度作例舉和比喻。「觀待吾等人變異」一句，又興起了觀察明

辨我們自身周圍人們如何遭遇變異之苦的實例：例如「富人淪為乞丐是」，說明人世間有那原本寬裕富貴之人，卻淪落為衣衫襤褸的乞丐！看那口氣狂妄的土豪或強勢之人，也會淪落為低聲下氣的弱勢者！另外那人丁繁多、門庭若市的盛況，卻中落轉變成門可羅雀、乏人問津的窘況！這些壞苦的實例與現象，都令人無法置信、不可思議。

以上七句，第一句及第五、六句等三句為八字，其餘第二、三、四句及最末句皆為七字，字數上較未講究對仗。

丁三、行苦

|འདུ་བྱེད་ཀྱི་སྡུག་བསྔལ་བསམས་ཚ་ན། །བྱ་བའི་ལས་ལ་ཟིན་པ་མེད། །མི་མང་ཡང་སྐྱིད་ལ་ཉུང་ཡང་སྐྱིད། །ཕྱུག་ཕྱུག་ཀྱང་སྐྱིད་ལ་སྤྱོངས་ཀྱང་སྐྱིད།
།མི་ཚེ་ཐམས་ཅད་གྲབས་ལ་ཟད། །གྲབས་བྱེད་པའི་འགྲོ་ལ་ཐམས་ཅད་འཆི། །ཤི་ཡང་གྲབས་ལ་ཟིན་པ་མེད། །ཚེ་ཕྱི་མའི་གྲབས་ཀྱི་མགོ་ལ་འཛུག །འཁོར་བ་སྡུག་བསྔལ་གྱི་ཕུང་པོ་ལ། །ཞེན་པར་བྱེད་རྣམས་སྙེ་ལེ་ལེ...

【譯】若思量行蘊之苦厄，所作業無有止盡，人眾又樂成少又慢，富有且悅成饑且愁。
盡一切人壽準備，庸碌作準備皆須死，死又準備無止盡，死後再入準備首，輪迴苦厄之蘊聚者，貪戀諸行憐兮兮！

【解】如果思量行蘊的苦厄，則發現所造作的工作或事業並沒有終止的盡頭，就像眾人齊集又歡樂轉變成人少又憂愁，富有且愉悅卻轉變成饑惡且愁苦。

窮盡一切的人世壽命去做準備，一生庸庸碌碌作準備，最終皆須一死，死亡之後又繼續準備，無有終止盡頭，死後的來世又再度進入準備的起頭，如此編織搜集輪迴苦厄的蘊聚，可知耽戀貪著一切造作之行真是可憐兮兮！

此段延續上段之論述，繼續以類似鋪陳、比喻、感懷結論等表現手法作詮釋。首句「若思量行蘊之苦厄」中之「行蘊」（འདུ་བྱེད། 'du byed/），為使心造作活動之作用，簡稱行。句中「行蘊之苦厄」，簡稱行苦，即一般眾生於平常時非苦非樂、不苦不樂的平等受（又稱捨受），與其伴隨相應的心及心所，以及能生起平等受之對境（一切有漏之法）。在此句引出，倘若思量行苦的議題後，接著以「所作業無有止盡」論述所造作的諸業即造成無有終止、無窮無盡的業果循環。

「人眾又樂成少又慢」一句以下為再加比喻，說明可觀察原本眾人齊聚、歡慶享樂的場景，轉而凋零成人去樓空、寡歡憂愁的無常景象。另又說明有衣食溫飽、不虞匱乏且歡欣悅樂的環境，卻轉而變成赤貧饑餓且痛苦憂愁的情境。以上四句除第二句為七字外，其餘三句皆為八字。

以下運用類似「興寄」感歎的諷喻方式作闡述。首先以「盡一切人壽準備」作起興，另外引出「準備」這一勞碌籌措的議題，說明人的一生，從出生到死亡都是在作準備，無有終期。然而庸俗勞碌地費盡一生的壽命都在作準備，到頭來終須一死；甚至到了命終臨死前，仍然忙碌於準備不停歇。此生死亡後，依照佛教輪迴投生的觀點，投生於下一世時又再度進入了開始準備的狀態。而「輪迴苦厄之蘊聚者」一句中所謂的「蘊聚」為積聚之意，非指人身中五蘊之蘊。此句說明了無止盡的準備，是輪迴痛苦的堆積與集合。故說「貪戀諸行憐兮兮」，即貪戀、耽迷、執著前述所有庸碌、無止盡的行為所造成的各種痛苦，實在是可憐兮兮，堪受憐憫！

以上六句，除第二、第五句為八字，其餘四句皆為七字。

།འདི་ཡན་ཆད་ཀྱིས་འཁོར་བའི་ཉེས་དམིགས་དངོས་སུ་བསྟན་ནས། ལས་འབྲས་ཀྱི་ཟུང་དོར་ཤུགས་ལས་བསྟན་ནོ།

【譯】（以上為專注於輪迴過患之直敘教，至業果從捨之間接教。）

【解】以上內容，為直接敘述注意「輪迴過患」，至間接說明「業果」（

善惡因果）的取捨。此段疏解文字為薩迦班智達所增添。

丙二、間接敘述：業果從捨

所謂的間接敘述，並非以文字直接作敘述，而是以文意暗加興起的方式引出藏傳佛教共通「四加行」中的「因果業力」。此項觀修，於薩迦派傳統中列於四共加行的最末項。此處所說之「業果從捨」，意為如何取捨業果，即面對前述已鋪陳、列舉並分析出的種種善惡、優劣、良莠的因果，應如何作跟從或捨棄。

前述直接敘述的三苦中：苦苦主要為三惡趣所感受的種種逆境之苦；壞苦主要為人天趣等善道中所感受的種種順境轉變為逆境之苦；而行苦主要為不苦不樂，諸如準備瑣事等無窮盡的外在事物之苦。堪千・阿貝仁波切曾引印度 法稱論師（ཆོས་གྲགས། chos grags/，梵語：Dharmakīrti，約公元六世紀至七世紀）的主張作開示：因為業力及煩惱所獲致的果，以及一切有漏法皆為行苦。而有漏法即為一切能生起煩惱，並能使煩惱增長的法。為了避免煩惱所生的輪迴障礙，故在此如同觀修四共加行中的第四項「因果業力」，必須對不如法的因果業力作取捨。

乙三、【貪戀己利 失菩提心】

此為《離四貪戀》的第三句要義，其下分因、果等二個要目，即：丙一、因之「觀修慈悲」；丙二、果之「自他交換」。

觀修慈悲與自他交換，為第三句要義的二項修心觀修方法。首先為間接敘述之觀修慈悲。

丙一、間接敘述：觀修慈悲（因）（分二）

佛教的發心（發菩提心）分小乘的發心與大乘的發心。大乘的發心有諸多支分，其中依其本質，可分：願（願菩提心）、行（行菩提心）等二

二勝六莊嚴中的「量理莊嚴」之一、《釋量論》等量理七論之造論者
——法稱（ཚད་མ་གྲགས་པ།）論師

類。

　　大乘的願菩提心為以祈願我與一切眾生皆得佛果為終極目的，非僅為了個人一己私利。行菩提心即是為了成就前述願心，而實修成就佛果的「因」，此因即造諸善業。此等大乘發心需要諸因緣合和，而諸因之中最為重要者即是悲心。故次第上，須先以慈心生起悲心，再依悲心而發心，所以慈心是生起悲心的因，慈心亦為願、行等發心之因。

　　此要義的第一項觀修方法為「觀修慈悲」，即以慈心和悲憫（悲心）作觀修。

　　慈（བྱམས་པ། byams pa/），又稱慈心、慈愍心，願他人安樂之心，佛教「四梵住」之一。慈心即願他人等眾生獲得安樂，甚且更具足獲得安樂之因。相對於慈愍心，其反面為瞋心，故慈心能正對治瞋怒他人之心。

　　悲（སྙིང་རྗེ། snying rje/），又稱悲心、悲愍心，願他人離苦之心，亦為佛教「四梵住」之一。悲心即願受災病等身心諸苦折磨之所有眾生脫離苦厄，甚且更能遠離痛苦之因。相對於悲愍心，其反面為害人之心，故悲心能正對治傷害他人之心。

　　本處「丙一、間接敘述：觀修慈悲」之下，又再分觀修慈心（丁一）與悲心（丁二）等二個小項目。

丁一、觀修慈心

།ཞེན་པ་བྲལ་ན་སྒྱུ་དང་འདའ། །སྒྱུ་དང་འདས་ན་བདེ་བ་ཐོབ། །ཞེན་པ་བཞི་བྲལ་ཉམས་ཀྱི་དབྱངས།

【譯】若離貪戀越愁苦，若般涅槃得安樂，修離四貪戀之音；

【解】倘若遠離耽戀執著即可超越憂愁苦厄，如果證得涅槃即能獲得安樂，實修遠離四種貪戀的法音。

首句「若離貪戀越愁苦」中的「越愁苦」（ཉ་ངན་འདའ། mya ngan 'da'/）一辭，意為超越、越出愁苦，在藏語中為涅槃的雙關語，故本句字面上雖為「倘若遠離貪愛、耽戀的執著，即可超越憂愁（輪迴）的痛苦」，亦兼具有「遠離貪愛、耽戀的執著即得涅槃」之意。而此句的末尾的尾字，又與下句「若般涅槃得安樂」的句首「般涅槃」（ཉ་ངན་འདས། mya ngan 'das/）一辭於音意上有重複之效，形成了類似中國修辭學中的頂針（頂真）聯珠格式。此前後二句共同闡釋了：若能遠離貪戀，即能脫離輪迴的愁苦，獲得涅槃成佛的安樂，可謂離苦得樂。隨後「修離四貪戀之音」一句再加強調了：若欲離苦得樂，便應當實修《遠離四種貪戀》的清淨勝妙法音。

以上三句，每句皆為七字。

以慈心即為願他人獲得安樂之心，其精神不只為了自身解脫後獲得安樂，更希望一切眾生皆能同獲解脫輪迴、成就佛果之樂；不僅如此，甚且希望我與一切眾生皆能獲得安樂之因，此「因」指善業。故以此段內容間接敘述了應加觀修慈心。

丁二、觀修悲心

|བདག [485] གཅིག་ཁྲུ་ཐར་བས་ཕན་རྒྱུ་མེད། །ཁམས་གསུམ་སེམས་ཅན་ཕ་མ་ཡིན། །ཕ་མ་སྡུག་བསྔལ་གྱི། གསེབ་ཏུ་བཞག །བདག་བདེ་བར་འདོད་པ་ཉེ་ལེ་ལོ།

【譯】吾[485]一人解脫無饒益，三界眾生是父母，父母裂罅苦上建立，貪戀吾安樂憐兮兮！

【解】若僅只我一人解脫亦無利益可言，因為三界所有眾生都是我們的父母親，在父母的苦厄裂罅上建立自己的解脫，如此僅貪戀自己的安樂，真是可憐兮兮！

首句「吾一人解脫無饒益」一句中的「解脫」（ཐར་བ། thar ba/）意為通過、脫離、解脫。由於大乘的發心為自他二利，非僅自利，故此句意即：僅有我一人獲得解脫是毫無利益可言的。在機率上，上、中、下三界一切眾生在無窮盡的死亡、投生之過程中，有極高概率的可能性顯示眾生皆曾經投生為我們的父母雙親，故說：「三界眾生是父母」，所以我們必須如同報答父母之恩一般，視眾生為父母。然而如同「父母裂罅苦上建立」一句所警示，若為了尋求自己一人的安樂，卻建築、踩踏在如同父母般身處輪迴撕裂痛苦中的眾生身上，那麼僅貪戀我自己獨自安樂的人真是處境堪憐，可憐兮兮！故說「貪戀吾安樂憐兮兮」。

以上四句構成一頌，除第二句字數為七字，其餘皆為八字。

如前觀修慈心之後，以慈心能生起悲心，故更應再加觀修悲心。悲心即為願他人遠離痛苦之心，其精神不只為了自身遠離輪迴中諸苦厄，更希望一切眾生皆能同等獲得脫離輪迴之苦；不僅如此，甚且希望我與一切眾生皆能獲得遠離痛苦之因，此「因」指惡業。故以此段內容間接敘述了應加觀修悲心。

丙二、直接敘述：自他交換（果）

།ཁམས་གསུམ་གྱི་སྡུག་བསྔལ་བདག་ལ་སྨིན། །བདག་གི་བསོད་ནམས་སེམས་ཅན་ཁྱེར། །བསོད་ནམས་འདི་ཡི་གྲུབ་རྣབས་ཀྱིས། །སེམས་ཅན་ཐམས་ཅད་སངས་རྒྱས་ཤོག

【譯】三界之苦厄吾成熟，吾之福澤眾生攜，以此福澤加持之，一切眾生證正覺！

【解】願三界眾生的苦厄在我身上成熟實現，我個人的福澤讓眾生帶走，以此福澤的加持，祈願一切眾生證得正覺的佛果。

二勝六莊嚴中的「中觀莊嚴」之一、《中論》等中觀理聚六論之造論者
——最勝怙主・龍樹（ངཔལ་མགོན་ཀླུ་སྒྲུབ།）菩薩

此要義的第二項觀修方法為「自他交換」，即設身處地，將自己與他人的境遇互換，設想把壞處和痛苦歸給自己，並將好處與安樂讓給他人。以下四句構成一頌，首句「三界之苦厄吾成熟」，意即自心希望三界一切眾生所遭遇、感受的所有痛苦都在我的身上成熟起作用，皆轉讓到我身上，讓我一人來承擔。反之，「吾之福澤眾生攜」，我身上所值遇、享受的福報、德澤與安樂，都讓眾生攜拿取走，轉讓給眾生去享受。此等「願代受眾生之苦，願讓渡個人之樂」的心願，即是自他交換的精神。印度的聖・龍樹菩薩（འཕགས་པ་ཀླུ་སྒྲུབ/ 'phags pa klu sgrub/，梵語：Nagarjuna，150－250）與寂天菩薩（ཞི་བ་ལྷ། zhi ba lha/，梵語：Shantideva）等論師皆曾主張：須將善惡互換；須將苦樂進行互換。

　「以此福澤加持之」一句說明，祈願以自他交換的願心所獲得的福報與德澤，希望我與一切的眾生都獲得此加持而究竟能證得正等正覺的佛果位。故說「一切眾生證正覺」。寂天菩薩曾開示：佛陀以「利他」而成就佛果；凡夫以「利己」而流轉於輪迴。故佛教犧牲小我、捨己為人、奉獻一己的積極態度與精神思想，反而能成就更高的果位。

　本頌偈除第一句字數為八字外，其餘三句皆為七字。

| འདི་ཡན་ཆད་ཀྱིས་རྒྱུ་བྱམས་པ་དང་སྙིང་རྗེ་བསྒོམ་པ་ཤུགས་ལས་བསྟན་ནས། འབྲས་བུ་བདག་གཞན་བརྗེ་བ་དངོས་སུ་བསྟན་ནོ། |

【譯】（以上為「因」慈與悲修習之間接教；「果」自他交換之直敘教。）

【解】以上內容，為間接敘述因之「修習慈心與悲憫的修習」（觀修慈悲）；至直接敘述果之「自他交換」。此段疏解文字為薩迦班智達所增添。

觀修菩提心分三種，即：觀修願菩提心、自他平等菩提心、自他交換菩提心。

　　此法要【貪戀己利　失菩提心】於「丙一、間接敘述：觀修慈悲（因）」中，間接以觀修願菩提心引導出「丁一、觀修慈心」以及「丁二、觀修悲心」。而於「丙二、直接敘述：自他交換（果）」的內容中，造論者或礙於篇幅規模，僅間接暗地引出「自他平等」的涵義，雖未明文闡釋，但亦包含於此小段直接敘述的觀修「自他交換」的前提之中。總結此《離四貪戀》修心法要頌偈第三句所著重之要點，即為增長菩提心，以及將所造善業迴向給一切有情眾生。

乙四、【耽著生起 非正見】

　　此為《離四貪戀》的第四句要義，其修持方式主要為觀修寂止（止）與勝觀（觀），分別以間接及直接敘述方法作闡釋。並於「丙一、間接敘述：觀修寂止（止）」之下再分三個要目，即：丁一、離二邊之中道；　丁二、唯識之共道次第；丁三、大乘中觀不共道。

　　以下作分門別說寂止與勝觀，首先闡釋間接敘述之觀修寂止。

丙一、間接敘述：觀修寂止（止）（分三）

　　總說觀修寂止的修心次第為：初由離二邊之中道，次再進入共通之唯識，後晉升至不共的中觀。首先以「離二邊之中道」為初始，漸次深入作闡釋。

丁一、離二邊之中道

|བདག་ནི་སྣར་འདུག་ཀྱང་ཆོས་ཉིད་ཀྱི་དང་། །འཛིན་དང་བཅས་ལ་གྲོལ་བ་མེད། །དེ་ཡང་ཞིག་ཏུ་བདག་ཚམ་ན། །ཁྱོད་པར་འཛིན་ལ་ཐར་པ་མེད། །མེད་པར་འཛིན་ལ་མཐོ་རིས་མེད། །གཉིས་ཀར་འཛིན་པ་མི་ཤེས་པས། །གཉིས་མེད་ཀྱི་དང་ལ་གནང་དགར་ཞིག

【譯】吾人如何於法爾自性，執持等具未解脫。對此細微若詳解：執持實有無解脫，執持無有無善趣，執持二者不可能，無二之自性安樂住！

【解】任我們如何的造作，對法爾自性若有所執著持有，皆屬未得解脫。對此細微之處倘若詳加解釋，即是：執持實有則無法解脫，執持無有則無法投生善趣，也不可能同時執持有無二者，應安樂地住於無二之自性中！

起首「吾人如何於法爾自性，執持等具未脫離」二句說明，任憑我們一切生活、作為、見解等如何造作，倘若對於「法爾」（ཆོས་ཉིད། chos nyid/法性）之自性、本性生起了執著，此等範圍皆屬未脫離，不得解脫。

此二句構成半頌（半偈），第一句為九字，第二句為七字，為較奇特之字數編排。

對於上述法爾空性的議題應如何看待？「對此細微若詳解」一句以下，則開始為此議題作詳細解說，分四個次第論述：

1. 不執實有：若執著實有，則墮入了常見之邊，無法從輪迴中解脫。故說「執持實有無解脫」。

2. 不執頑空：如果武斷執著一切皆無，則墮入了斷見之邊，無投生至人天善趣。故說「執持無有無善趣」。

3. 同執二邊：「執持二者不可能」說明，又如果同時執持「常」（རྟག rtag）、「斷」（ཆད། chad/）二邊，同執空、有，則因自相矛盾而不可能。

4. 離邊無二：最後如同「無二之自性安樂住」一句所詮釋，離於常斷二種邊執，安然住於諸法本然實相的自性中道之中。

以上五句，扣除第一句的引題，後四句可構成一頌。唯前四句字數皆

為七字，最末句為八字，以道歌體例呈現。

於宗教歷史上，藏傳佛教各宗派對於中觀正見學說的見解或定義各不相同，甚至互有爭論，例如遵奉中觀應成派為中觀正宗的格魯派，即對薩迦派的中觀見主觀稱呼為「離邊中觀見」。如同本段所闡釋內容，其他宗派或許片面引用薩迦派此等離二邊之中道見解，而未加系統性地梳理、研究薩迦派對於中觀見的完整哲學思想脈絡，故較易產生此主觀既定之成見。其實如同前文所述總說觀修寂止的修心次第，即知此處薩迦派所主張之「離二邊之中道」僅為論述之過程，為修行次第的一環節，並非一固定、呆板滯礙的論定。猶如舟船是以乘載、擺渡至終點為功能作用，但若斷章取其暫時停泊於哪一港灣作為終極定義，則未免過於偏頗，有失正見。故對於薩迦派中觀見哲學思想的定義問題，則尚可再加深入廣泛探討。但由於此辯證議題並非本文的研究重心，故筆者在此暫不多加論述。

འདི་ཡན་ཆད་ཀྱིས་ཏག་ཆད་ཀྱི་ལྟ་བ་སྤངས་ནས་ཟུང་འཇུག་གཉིས་མེད་ལ་བློ་འཇོག་ཚུལ་སྤྱིར་བསྟན་ནོ།

【譯】（以上為將心入於捨離常斷之見，為無二雙運之共通教！）

【解】以上內容，屬共通法門之將心入於斷除捨離「常見」與「斷見」等常斷二邊之無二雙運！此段疏解文字為薩迦班智達所增添。

「共通」（སྤྱིར spyir/），為一般、通體、普遍等意。捨離「常見」與「斷見」等斷常二邊之無二雙運，即為不墮二邊之中道。「常斷」（ཏག་ཆད rtag chad/），指常見（ཏག་ལྟ rtag lta/）與斷見（ཆད་ལྟ chad lta/）。常見以執著實有之心，觀諸法為恆常，即認為諸法不從因緣而生，且無有變異遷流，為執著實有之邪見；相對的，斷見否定因果、前生、後世等相屬，為

執著絕無之邪見。「雙運」（ཟུང་འཇུག zung 'jug），可用水乳交融般無有分別作比喻。「無二」（གཉིས་མེད། gnyis med/），別無二致，沒有分別。故無二雙運即不分彼此，合為一體等同，沒有自他、二元、主客體等區別。

以上闡釋斷除捨離常斷二邊之中道見，為共通法門中的無二雙運。

丁二、唯識之共道次第

|ཆོས་ཀུན་སེམས་ཀྱི་སྤྱོད་ཡུལ་ཡིན། །ཁྱུ་དང་དབང་ཕྱུག་ལ་སོགས་པ། །འབྱུང་བཞིའི་བྱེད་མཁན་མ་ཚོལ་བར། །སེམས་ཉིད་ཀྱི་རང་ལ་གནད་དགར་ཞོག

【譯】萬法是心所行處，造物主、自在天等，四大作者不追尋，本性之自性安樂住！

【解】一切萬法皆是內心之所行處，故不需向外尋求所謂造物主、自在天等天神，或所謂四大元素的創作者，應當安樂地住於本性之自性！

此處首句「萬法是心所行處」所說之「心」（སེམས། sems/），泛指心思或意識，為自力能見自境體性的知覺意識，例如成為眼識、耳識等六識之心。「所行處」（སྤྱོད་ཡུལ། spyod yul/），簡稱所行，為音聲及心思意識所入之境處，或人、士夫等受用的對象。故一切外在的萬法事物，皆是內心的投射。故此句破題說明：萬法唯心造，一切外在感知的現象皆是內心活動所投射。

關於印度教與婆羅門教中三大主神等神祇的說法與主張有多種，一般認為有主司創造的大梵天[121]、主維護的毗濕奴[122]、主毀滅的濕婆[123]等三大主

---

121 大梵天：此處之大梵天，藏語ཚངས་པ་ཆེན་པོ།（tshangs pa chen po/），梵語簡稱：Brahma。

122 毗濕奴：藏語ཁྱབ་འཇུག（khyab 'jug），梵語：विष्णुः，Vishnu，古譯：毗瑟紐，又稱遍入天。

123 濕婆：此處之濕婆，藏語དབང་ཕྱུག（dbang phyug），梵語：Ishvara or Shiva，又稱自在天。

神，以及帝釋天[124]等諸世間神祇。

「造物主、自在天等」一句中所說的「造物主」（ཕྱྭ། phywa/），即為上述世間神祇中的「梵天」。創作於公元三世紀末的印度《摩訶婆羅多》史詩，其中最重要的〈薄伽梵歌〉（梵語：Bhagavad Gītā，又稱〈梵歌奧義書〉）中稱此造物主為梵天（Brahma），為印度教三大神祇中的創造之神。而此句中的「自在天」（དབང་ཕྱུག dbang phyug），亦為世間神祇之一，即指大自在天（ལྷ་དབང་ཕྱུག་ཆེན་པོ། lha dbang phyug chen po/），梵語「摩醯首羅」（Maheśvara），與梵天皆為佛教（內道）與非佛教（外道）所共同承認的世間天神。大自在天於印度教神話中即為濕婆（Shiva），同為印度教三大神祇之一。濕婆神主毀滅，故俗稱毀滅之神，其同時亦兼具創造，為生殖創造與破壞毀滅雙重能力。

從佛教的認識論角度上對此等世間神祇做比對分析，依據《俱舍論》〈分別世間品〉第三（མངོན་པ་མཛོད། གནས་གསུམ་པ། འཇིག་རྟེན་བསྟན་པ། mngon pa mdzod/ gnas gsum pa/ 'jig rten bstan pa/）[125]的理論，於世間三十三天的層次結構中，梵天僅為三十三天中「色界四禪天」之「初禪天」神祇，分：梵眾天（第十二天）、梵輔天（第十三天）、大梵天（第十四天）等三種，合稱作梵天，其中大梵天王（第十四天：大梵天，梵語：Mahabrahma）統禦所有居於初禪的梵天天眾。僅居於世間天界的大梵天王，又被世人俗稱做「四面佛」，世俗人並為了自身的諸世間利益而向其大加崇奉、膜拜、索求；由於大梵天王自身亦尚未脫離生死輪迴，故僅為天界神祇，並非脫離輪迴的「佛」。

---

124 帝釋天：藏語བརྒྱ་བྱིན།（brgya byin/），梵語：ཨིནྡྲཿ Indrah，又音譯：因陀羅。
125 堪布・更嘎松保 編：《俱舍論》，藏文《薩迦派十八部傳世經典名著》第8部，北京：中國藏學出版社，2011年5月，第223頁，〈分別世間品〉第三。

自在天，僅為三十三天中的欲界天（第十一天：他化自在天，梵語：Paranirmita），而大自在天則居於色界最頂層之色究竟天（第二十九天：阿迦尼吒天，梵語：Akanistha），二者不同。

論上、中、下三界（無色界、色界、欲界）等所謂「六道輪迴」範圍之最上下極端邊界，最底層為欲界最底部的地獄（十八層地獄之最底層）；最頂層為色界的「色界四禪天」（初禪至四禪天）中「三禪」的第二十天（遍淨天，梵語：Subhakvtsna）。

由此可證明，梵天、自在天等世間神祇，皆尚未脫離三界六道輪迴。而居於第二十九天的大自在天，雖身處於色界的最上層，但連其上的無色界四天（第三十至第三十三天）亦尚未登置，更不知自己未來將投生到何等惡趣之中，故離究竟涅槃尚有極大距離；以其自身難保之故，顯然更不能幫助任何的眾生獲得解脫。是故由此證明，以上神祇皆非佛教徒所依止的對象。

「四大作者不追尋」中所說之「四大」，即「四大種」（འབྱུང་བ་བཞི/ 'byung ba bzhi/）之簡稱，指地、水、火、風等「大種」（元素、物質）。由於此四種元素之體相極為廣大，為一切色法依附處；其微塵又極細微，普遍存在於一切色法之集合體中，對於萬物來說無處不在，故稱作「大」。又此四種元素能形成一切色法，可組合成萬物，故稱作「種」。此等二句合併說明：毋須向外追尋造物主、自在天或創造四大種的造物主等世間的神明或神祇。

《大乘起信論》[126]載：「是故三界虛偽，唯心所作，離心則無六塵境界。」又云「此義云何？以一切法，皆從心起，妄念而生，一切分別，即分別自心，心不見心，無相可得。」又載：「當知世間一切境界，皆依眾生無明妄心，而得住持，是故一切法，如鏡中像，無體可得，唯心虛

---

126 梁 真諦譯：《大乘起信論》，中華佛典寶庫《大正新修大藏經》〔論集部〕，大正新修大藏經 第三十二冊 No. 1666《大乘起信論》。

妄。以心生則種種法生，心滅則種種法滅故。」由此亦再加證明了佛教的本質並非表象的偶像崇拜或神靈崇拜。

末句「本性之自性安樂住」則闡釋了，只需歡喜安然住於內在真如的本性中。

以上四句構成一頌，前三句皆為七字，最末句為八字。

藏傳佛教其他宗派的某些學者或論師即曾依據造論者——傑尊・札巴嘉稱在此釋論中的這一頌偈，以斷章取義方式，主觀認為薩迦派屬於唯識宗的唯心派哲學思想。其實從本釋論在此對觀修寂止至勝觀的系統性次第論證中，即可明確發現薩迦派非如此粗略地止於唯識宗見。由下文可證，薩迦派的哲學思想為初以如似唯識宗的唯識見切入，後以中觀宗的空性見躍然而出。故在此關於「萬法唯心」等見，僅為論述過程，並非終極的定見。

 འདི་ཡན་ཆད་ཀྱིས་བྱུང་སེམས་སེམས་ཙམ་པ་དང་ཐུན་མོང་བའི་ལམ་རིམ་བསྟན་ནས། ཐེག་ཆེན་དབུ་མ་པའི་ཐུན་མོང་མ་ཡིན་པའི་ལམ་ནི།

【譯（以上為菩提心唯識宗之共通道次第教。下接大乘中觀宗之不共道。）

【解】以上內容，屬共通道次第的菩提心唯識宗。以下接續闡釋不共道之大乘中觀宗。此段疏解文字為薩迦班智達所增添。

唯識宗（སེམས་ཙམ་པ། sems tsam pa/），為隨順公元四、五世紀時印度的聖・無著（འཕགས་པ་ཐོགས་མེད། 'phags pa thogs med/，梵語Asanga）論師所主張之宗派，其以理論破斥實有存在的外境，只唯承認心識的實有。

後來唯識宗又分實相唯識派（སེམས་ཙམ་རྣམ་བདེན་པ། sems tsam rnam bden pa/）與假相唯識派（སེམས་ཙམ་རྣམ་རྫུན་པ། sems tsam rnam rdzun pa/）二派。唯識宗見在此釋論中，僅屬觀修寂止的共通道次第部分，為觀修步驟的過程之一，並非終極的結論。以下開始闡釋佛教大乘的中觀宗見地。

大乘（ཐེག་ཆེན། theg chen/），梵語：摩訶衍那（Mahāyāna），又稱上乘、菩薩乘，其以具足七種廣大[127]而勝於小乘（聲聞乘與緣覺乘），故得名為大乘。《法華經》卷二〈譬喻品〉第三：「初說三乘引導眾生，然後但以大乘而度脫之。」此處之乘字，音韻同唐宋時期中古漢語「平、上、去、入」等四聲中之「入聲」，讀音同「勝」（shèng）字，做名詞之用，意為載具，如：車、舟、船等承載工具。中觀宗（དབུ་མ་པ། dbu ma pa/），以遠離常斷二邊、二諦雙運、空性等為主要見解之佛教思想宗派。佛教大乘中觀宗主要分：中觀自續派（དབུ་མ་རང་རྒྱུད་པ། dbu ma rang rgyud pa/）、中觀應成派（དབུ་མ་ཐལ་འགྱུར་པ། dbu ma thal 'gyur pa/）等二大派別。中觀自續派又分經部行（མདོ་སྡེ་སྤྱོད་པ། mdo sde spyod pa/）及瑜伽行（རྣལ་འབྱོར་སྤྱོད་པ། rnal 'byor spyod pa/）二派。薩迦派各祖師對中觀宗的見地主張不一，藏傳佛教其他宗派一般普遍主觀認為，薩迦派對中觀宗的主張較近於中觀自續派的見地。

丁三、大乘中觀不共道

།སྣང་བ་སྒྱུ་མའི་རང་བཞིན་དང་། །རྟེན་ཅིང་འབྲེལ་པར་འབྱུང་བ་ཡི། །གནས་ལུགས་བརྗོད་པར་མི་ཤེས་ཀྱི། །བརྗོད་བྲལ་གྱི་རང་ལ་གནད་དགར་ཞིག་...

【譯】顯現幻象之本性，相依緣生因緣之，性狀難以所言詮，離詮之自性安樂住！

---

127 七種廣大，簡稱七大，即：所緣大、修習大、智慧大、精進大、方便善巧大、正性修習大、功業大。

【解】萬物顯現的本性、自性為幻象，皆相互依憑而緣生因緣，其本性狀態實難以用所言、所詮之語言作完美詮釋，應安樂地住於遠離言詮之自性！

　　首句「顯現幻象之本性」說明：所有外在的顯現，其本性皆為幻象。

　　第二句「相依緣生因緣之」中之「緣生因緣」（ རྟེན་ཅིང་འབྲེལ་བར་འབྱུང་བ། rten cing 'brel bar 'byung ba/），簡稱緣起，主張萬物萬法「無則不生」，即由眾多因緣和合而生起後果，或彼此相互依存、觀待，如此關係之後才能形成。故此句承上句文意，說明一切外在的顯現，皆是由相互依存的因緣所生起。

　　「性狀難以所言詮」一句指上述的現象，其本性狀態實在難能用目前人類所使用的語言文字來作完美、圓滿無誤的詮釋。

　　最末句「離詮之自性安樂住」則闡釋，故須安住於此遠離世俗言詮的自性之中。

　　此頌之字數結構亦同前頌偈，前三句皆為七字，最末句為八字。

|འདི་ཡན་ཆད་ཀྱིས་ཞི་གནས་བསྒོམ་ཚུལ་ཤུགས་ལས་བསྟན་ནས། ལྷག་མཐོང་སྒོམ་ཚུལ་ལ། ཕྱལ་སྣང་སེམས་སུ་བསྒྲུབ་པ་དང་། དེ་སྒྱུ་མར་བསྒྲུབ་པ་དང་། དེ་རང་བཞིན་མེད་པ། རྟེན་འབྲེལ་དང་། བཟོད་བྲལ་དུ་གཉན་ལ་ཟ་བ་ནས། སྟོང་བྲལ་ཟུང་འཇུག་བསྒོམ་པ་དངོས་སུ་བསྟན་ནོ།

【譯】（以上為寂止修法之間接教；至勝觀修法，以而確立「成顯境唯心，成心為幻象，成幻無自性，為緣起，無自性離言詮」等成立雙運離戲之直敘教！）

【解】以上內容，為間接敘述寂止（止）修法；至直接敘述勝觀（觀）修法，以而確立「成顯境唯心，成心為幻象，成幻無自性，為緣起，無自性

離言詮」等，並以此成立「雙運」（明空雙運）遠離言詮之戲論！此段疏解文字為薩迦班智達所增添。

寂止（ཞི་གནས། zhi gnas/），簡稱止，梵語「奢摩他」或「三摩地」（ཤ་མ་ཐ shamatha或Samādhi），即心不往外境散失漫遊，向內專注一心安住於所修持靜慮禪定之中，屬內在靜態之沉澱，為一切禪定之總義或一因。

故以上內容「丙一、間接敘述：觀修寂止（止）」中，揭示了自共通道的「離二邊之中道」與「唯識宗」，以及不共道的「大乘中觀」等藏傳佛教主要哲學思想。

丙二、直接敘述：觀修勝觀（觀）

勝觀（ལྷག་མཐོང་། lhag mthong/），簡稱觀，梵語「毗婆舍那」（བི་ཤེཥ་པཤྱ bisheshapashya或vipasana），即以智慧之眼目，向外觀察事物本性真實差別，屬外在動態之觀察，為一切禪定之總義或一因。

承繼上述的寂止觀修方法，以下勝觀以直接敘述方式確立薩迦派最著名法要《道果》中對於空性的見地為主，並隨之成立遠離二邊戲論的「明空雙運」及「輪涅無二」見。前述疏解文字中的「離戲」（སྤྲོས་བྲལ། spros bral/）即遠離戲論，指從空有方面的「有境」來解釋遠離不真實的言論，與下文所說的「離言詮」相同。

丁一、《道果》空性見地：了悟實相的四個相續次第

薩迦派《道果》〈三現分〉對於空性的見地，頌曰：「成境唯心，成心為幻，成幻無自性，無自性不可言詮。」此為漸進式的內觀法門，即於觀修寂止之後再以此種勝觀識出心的本性，此亦為了悟實相的四個相繼延續不斷的次第。

此四個次第另從語言學的修辭上以及從佛教哲學上來看，皆是以「頂真」的聯珠、蟬聯方法，將各句的首尾語辭相互串聯，環環相扣，於佛教哲學的演繹過程上表現極為清晰，邏輯次第分明。

戊一、成境唯心

「成境唯心」之「境」（ཡུལ། yul/），有對境及外境二義。

對境，為令心明瞭、現見、證之。例如實體之色心（生物及非生物），與非實體之虛空等事物，同於所知。

外境，指有境或內心之外，根（六根）與識（六識）之所取。相對於能取依，即為所取境。例如：色、聲、香、味、觸、法等外境事物，屬非生物之物質界。

於此四個相續次第中，首先將一切外境的顯現，認定為內在心的顯現。如同夢中之人，曾經歷歷在目，感覺可見可觸，於夢中看似實有，卻如幻非真，所以外境皆是如此。行者以此觀修，可漸次發現心性，並以心來覺受一切的色法。此亦為觀修 「二無我」（人法無我）的「法無我」之後，再加以口訣觀修「人無我」。故第一個次第，即暫時之萬法唯心。

戊二、成心為幻

第二個次第，即認定外在的境為內在心的顯現之後，進一步觀修心與幻象沒有區別，稱作「成心為幻」。此即將外在的有境與內在的心，皆成立為無實有，因為已認知了心中的一切化現，皆為如同魔術等幻術般，為幻化無實有，故心為無實有；諸法如幻、如化，非自性有。

戊三、成幻無自性

第三個次第「成幻無自性」，由心為無實有，成立心與幻象等皆無自性。將心成立為無實有的觀修，為以了知無自性來建立無實有；而無實有

須以「緣起」及「離言詮」來作論證。《薩迦、寧瑪、噶舉諸宗派見地之差別略議》中主張此次第再分：（一）由「緣起門」而成辦，及（二）由「離言門」而成辦等二種[128]。緣起（ རྟེན་འབྲེལ rten 'brel/）同上文「丁三、大乘中觀不共道」中所述之「緣生因緣」。故第三個次第即於無自性中，了知證悟一切的幻化、幻象皆是緣起，諸法皆由緣起而現行。由此再緊接以下次第之「離言詮」。

戊四、無自性不可言詮

最後的次第「無自性不可言詮」即以上所證悟緣起之自然本性，離於語言詮釋。

離言詮（ བརྗོད་བྲལ brjod bral/）為遠離有限的語言文字所作非完美圓滿的詮釋，與上述疏解文字中的「離戲」相同，皆為從空有二元對立方面的「有境」來詮釋遠離如戲言般不真實的言論。故諸法的實相，為離言詮。

《土觀宗派源流》中將此「離言詮」譯為「離言說」[129]。班班多傑先生於《藏傳佛教思想史綱》[130]及《論藏傳佛教薩迦派「輪迴涅槃無別」之哲學思想》[131]中，對此「離言詮」特別以簡明扼要的方式詮釋作：「立言」和「離言」的方法。並於《拈花微笑》一書中，對於「明空雙運之心性」中的「立言」和「離言」之問題加以解釋為：此問題屬「哲學方法問題」，亦即「形而上學的方法問題」，並主張「形而上學是哲學中最重要

128 班班多杰：《藏傳佛教思想史綱》，上海：三聯書店上海分店，1992年，第226頁，及註腳①阿芒‧貢卻嘉稱：《薩迦、寧瑪、噶舉諸宗派見地之差別略議》，第9葉－10葉。

129 土觀‧羅桑卻吉尼瑪：《土觀宗派源流》，拉薩：西藏人民出版社，1984年，第112頁。

130 班班多杰：《藏傳佛教思想史綱》，上海：三聯書店上海分店，1992年。

131 班班多杰：《論藏傳佛教薩迦派「輪迴涅槃無別」之哲學思想》，《哲學研究》（Philosophical Researches），2007年第12期，第110頁。

的部分，所謂哲學方法從根本上講也就是建構形而上學的方法」[132]。故「立言」和「離言」的方法即為邏輯分析與直覺體驗的互補方法，於是建構出了「不可言說」、「妙不可言」之形而上學。

此離言詮的實相，不能通過比喻，僅能通過「比量」（推理）才能了知。故從「二諦」（世俗諦、勝義諦）的佛教哲學來論述：心，於世俗諦為緣起；於勝義諦則為離言詮。

丁二、明空雙運

藉由上述薩迦派對於空性見地獨有的「了悟實相四個相續次第」，便成立了「雙運」（རུང་འཇུག zung 'jug/）。此處的雙運，即「明空雙運」（གསལ་སྟོང་རུང་འཇུག gsal stong zung 'jug/）。

有鑑於許多漢譯本中常將諸如「現空雙運」（སྣང་སྟོང་རུང་འཇུག snang stong zung 'jug/）、「慧空雙運」（རིག་སྟོང་རུང་འཇུག rig stong zung 'jug/）、「明空雙運」（གསལ་སྟོང་རུང་འཇུག gsal stong zung 'jug/）等不同名相之雙運一概漢譯為「明空雙運」，然而不同名相之雙運各自在藏文原典的文字、語意等意涵上其實差異懸殊。為了不使各種雙運之名相互為混淆，筆者於拙著《珍稀寶庫》一書中曾特別對此等雙運之翻譯名相作釐清[133]。

此段主題「明空雙運」，依薩迦派見，詮釋為：為自心之自性不離「明分」稱作「明」（གསལ gsal/），明分皆無形無色可得稱作「空」（སྟོང stong/），以明時亦顯空，無有二元對立，不偏執於常、斷任何一邊，故明空雙運無有分別。於世俗諦，一切幻象、對境皆為因緣合和，暫時貌似顯現；於勝義諦，一切因緣和合之究竟，本質皆為空性，以此之故，為明空

---

132 班班多杰：《拈花微笑》——藏傳佛教哲學境界，藏傳佛教文化現象叢書，西寧：青海人民出版社，1996年，第120頁。

133 吉祥賢居士譯著，《珍稀寶庫——薩迦總巴創派宗師 貢嘎南嘉傳》，台北：橡樹林文化，2012年10月，第196頁，注⑧四種雙運。

無別雙運。此雙運無別，遠離言詮，即為心之自然本性。薩班智達曾對明空雙運無別圓滿的闡釋為：心之前念已滅，後念未生，此際即為相繼延續不斷之明光。故念與念間之明光，明時顯空，空不礙明，明空雙運，即為心之真實本性。

丁三、輪涅無別

了知明空雙運後，即悟心之本性為明，而本質為空，無有二致，此覺受亦為「輪涅無別」。薩迦派主要之見——輪涅無別（འཁོར་འདས་དབྱེར་མེད། 'khor 'das dbyer med/），即有輪迴與涅槃寂滅無有分別（有寂無別），輪迴與涅槃於世俗上顯現二元對立，但於勝義上卻為非有之法性平等，無有差別。以此無所謂輪迴之境域可捨棄、無輪迴之眾生可救度；亦無所謂涅槃之境域可趣向、無涅槃之境界可證得，故萬法一如，無有二致，不落輪迴、涅槃之「常、斷」或「有、無」等二個對立的邊際。輪迴與涅槃無有分別，皆無自性，故說輪涅無別。至此所述「明空雙運」與「輪涅無別」，為薩迦派的主要見地。

以上「丙二、直接敘述：觀修勝觀（觀）」的內容，於本釋論的原典文本中僅以一長行疏解文字作說明，造論者或礙於篇幅及道歌體裁等限制，行文講求簡約易懂，並未多加論述。故本段中「丁一、《道果》空性見地：了悟實相的四個相續次第」、「丁二、明空雙運」、「丁三、輪涅無別」等內容，為筆者依據薩迦班智達所造疏解文字中分析此釋論的要義後，另作附加論述。至此初從觀修寂止（止）進入勝觀（觀），再昇華入「止觀雙運」之境，最後臻至明空雙運、輪涅無別等覺受。

甲四、迴向

|ཞེན་པ་བཞི་བྲལ་བཤད་པ་ཡི། །དགེ་བ་འདི་ཡི་བསོད་ [486] ནམས་ཀྱིས། །འགྲོ་བ་བདུན་པོ་མ་ལུས་པ། །སངས་རྒྱས་ས་ལ་འགོད་པར་ཤོག །

【譯】離四貪戀注釋之，以此淨善之福[486]澤，眾生七者無剩餘，正覺果地安置祈！

【解】以此注釋《離四貪戀》釋論的清淨善行所獲致之福澤，迴向一切「七種眾生」，並且無有剩餘和遺漏，祈願全部皆登置於正等正覺的佛果地！

造論者——傑尊・札巴嘉稱所造釋論最末的迴向文頌偈，第一句「離四貪戀注釋之」為倒裝句文體，意即為了利益眾生，故在此以親身之體驗與證悟，並運用口耳教授的道歌形式作宣說，具體注釋了《離四貪戀》修心法要使之成為一部釋論。

由於注釋《離四貪戀》法要之善行，能助聽聞此釋論者藉此修心而離苦得樂，獲得解脫，因而致生了清淨的妙淨善功德。故第二句「以此淨善之福澤」，意即以此等清淨善行的功德與所有的福報德澤作迴向。所迴向的對象，即為第三句「眾生七者無剩餘」。

第三句中所指的「七種眾生」（འགྲོ་བ་བདུན་པོ། 'gro ba bdun po/），即前文乙一、【若貪戀此生　非行者】中（丁一、持戒）所說三善趣及三惡趣，合稱六道眾生，再加「中陰」眾生，即本處所指之七種眾生。

中陰（བར་དོ། bar do/），又稱中有，即生物死後，前身已經捨棄，後身尚未獲得，正處於已死亡與未投生的中間狀態。由於中陰身的眾生漂浮、暫住於中陰狀態，尚無法投生至六道中，故於此迴向文中亦將中陰身的眾生納入迴向的對象中，如是祈願的對象將一個都沒有剩餘、無一被遺漏地蒙受迴向與祈願。

最末一句「正覺果地安置祈」意為倒裝句，即祈願這些迴向的對象
——所有一切眾生，最終都能夠因證悟而解脫輪迴痛苦，獲得究竟之如佛
般正等正覺的果位，登入並安樂地置身於佛的淨土。

|འདིས་བསྟོ་བ་དང་། འབྲས་བུ་བསྟན་ནོ།

【譯】（此為迴向與果教矣！）

【解】此內容為迴向以及祈願成就佛果。此段疏解文字為薩迦班智達所增
添。

「迴向」一辭的藏文བསྟོ་བ།（bsngo ba/），為སྟོ་བ།（sngo ba/）的未來式。
迴向有轉變、增長等二義。以迴向能圓滿轉變輪迴因力之諸善根，成為大
菩提之因；並圓滿增長有盡諸善根，使之成為無盡善根。故迴向即欲求
轉變並增長自、他（我與眾生）於過去、現在、未來等三世所累積的一切
有漏及無漏福澤，令之皆成為無上菩提之因。故此釋論的最後一偈所作迴
向，即祈願一切眾生成就佛果之教義。

|ཞེན་པ་བཞི་བྲལ་གྱི་གདམས་ངག་རྣལ་འབྱོར་པ་གྲགས་པ་རྒྱལ་མཚན་གྱིས་དཔལ་ས་སྐྱའི་དགོན་པར་སྦྱར་བའོ།།
||

【譯】《離四貪戀》之口訣教授，為瑜伽士——札巴嘉稱造於吉祥薩迦寺
矣！

【解】此《離四貪戀》之口訣教授釋論，為瑜伽士‧札巴嘉稱造論於吉祥
薩迦寺！

瑜伽士（རྣལ་འབྱོར་པ། rnal 'byor pa/），一般多指非出家之在家實修佛法

者，特別指除修持佛教顯宗經教（མདོ། mdo/，梵語：蘇怛羅，sūtra）法門
之外亦兼嫺熟於實修密宗密續（རྒྱུད། rgyud/，梵語：怛特羅[134]，tantra）法門
者。有別於受具足戒的出家比丘，造論者——薩迦三祖‧札巴嘉稱為在家
居士，其修持顯密法門已臻至圓融，故在此釋論文末落款的款識文中，即
未如同其他受具足戒的上師自稱「釋迦比丘」，而自稱為瑜伽士。

　　薩迦寺，位於西藏自治區後藏日喀則市西南薩迦縣的奔播山南側，分
南寺與北寺。南寺後建於北寺，位於河谷平原上，為坐西朝東之巨型方陣
式建築群；北寺先建於南寺，坐落於奔播山南麓，為坐北朝南之錯落山城
式建築群。考薩迦北寺為西元1073年（藏曆第一繞炯，水陰牛年；即北宋
神宗熙寧六年，歲次癸丑）由薩迦初祖薩千‧貢嘎寧播之父——昆‧貢秋
嘉播所創建。而薩迦南寺則為西元1268年（藏曆第五繞炯，土陽龍年；即
南宋咸淳四年；元至元五年，歲次戊辰）由薩迦第五祖——八思巴法王‧
羅卓嘉稱（འཕགས་པ་བློ་གྲོས་རྒྱལ་མཚན། 'phags pa blo gros rgyal mtshan/，1235
－1280）之弟子——第一任薩迦本欽‧釋迦桑播（ས་སྐྱ་དཔོན་ཆེན་ཤཱ་ཀྱ་བཟང་པོ། sa
skya dpon chen sh'a-kya bzang po/）奉八思巴帝師之旨創建。以本釋論之造
論者所處時代薩迦南寺尚未興建，故此處薩迦第三祖——瑜伽士傑尊‧札
巴嘉稱造《離四貪戀》口訣教授釋論之處，即指薩迦北寺。

　　　　　　　　　藏曆第十七繞炯之火陽猴年（歲次丙申）二月十二日
　　　　　　　　　　　　　　　　　　　（西元2016年3月20日）
　　　　　　　值逢 薩迦三祖——傑尊‧札巴嘉稱圓寂八百周年紀念日
　　　　　　　　　　　　　　　　　　　　吉祥賢居士恭譯併注

---

134 怛特羅：近世漢地華人有頗多近似恐慌症之偏狹狂熱分子，竭力對正信藏傳佛教進行汙衊
　　指控，於其散佈之宣傳文宣中，不時可見凡遇所謂「怛特羅」一辭，不問出處，即一概與印
　　度教性力畫上等號，並再等同於性交，而再等同於性濫交，甚至等同性侵。其對歷史、宗
　　教、社會之曲解與偏狹，其思想、邏輯之幼稚與冥頑，錯漏之深，自然毋須與之辯解。

第六章 薩迦祖師所造修心教誡極短篇

一、薩迦三祖所造《傑尊・札巴嘉稱之甚深訣竅》

二、薩迦四祖 薩迦班智達・貢嘎嘉稱所造《文殊怙主上師薩迦大班
　　智達所造：離四貪戀之訣竅》

三、第一世宗薩欽哲仁波切 蔣揚欽哲旺播所造《修心離四貪戀之道
　　歌・心要甘露》

本章恭錄了三篇薩迦派祖師所造關於修心之教誡，並做藏漢文對譯與譯注，分別為：一、薩迦三祖　傑尊・札巴嘉稱所造《傑尊・札巴嘉稱之甚深教誡》[135]；二、薩迦四祖　薩迦班智達・貢嘎嘉稱所造《文殊怙主上師薩迦大班智達所造：離四貪戀之教誡》[136]；三、第一世宗薩欽哲仁波切　蔣揚欽哲旺播所造《修心離四貪戀之道歌・心要甘露》[137]。

　　於內容風格上，此三篇極短篇之修心教誡中，第一篇與第三篇為以「道歌」的形式呈現。所謂道歌（ཉམས་མགུར། nyams mgur/），又稱道情歌、悟道歌，主要以近民歌的口吻道白情懷，闡述佛法，其風格特色為以近乎歌詞之方式呈現，內容深入淺出，故易於傳頌。而第二篇則以問答的形式作呈現，篇幅短小精煉，內容通俗易懂，故易於閱讀理解。

　　而在所闡釋的內容中，除第一篇之外，第二篇與第三篇皆為闡釋薩迦修心法要《離四貪戀》四句根本頌偈的釋論，即解釋《離四貪戀》的短篇釋論。唯第二篇以短篇問答的形式作闡釋；第三篇則以道歌的風格闡釋《離四貪戀》。

135　《傑尊・札巴嘉稱之甚深教誡》：藏文ༀ། །རྗེ་བཙུན་གྲགས་པ་རྒྱལ་མཚན་གྱི་གདམས་ངག་ཟབ་མོ། (/ /rje btsun grags pa rgyal mtshan gyi gdams ngag zab mo/)。

136　《文殊怙主上師薩迦大班智達所造：離四貪戀之教誡》：藏文ༀ། །འཇམ་མགོན་བླ་མ་ས་སྐྱ་པཎྜི་ཏ་ཆེན་པོས་མཛད་པའི་ཞེན་པ་བཞི་བྲལ་གྱི་གདམས་ངག་བཞུགས་སོ། (/ /'jam mgon bla ma sa skya paNDi ta chen pos mdzad pa'i zhen pa bzhi bral gyi gdams ngag bzhugs so/)。

137　《修心離四貪戀之道歌・心要甘露》：藏文ༀ། །བློ་སྦྱོང་ཞེན་པ་བཞི་བྲལ་གྱི་ཉམས་དབྱངས་སྙིང་གི་བདུད་རྩི་ཞེས་བྱ་བ་བཞུགས་སོ། (/ /blo sbyong zhen pa bzhi bral gyi nyams dbyangs snying gi bdud rtsi zhes bya ba bzhugs so/)。

一、薩迦三祖所造《傑尊・札巴嘉稱之甚深教誡》

　　此處收錄薩迦三祖 傑尊・札巴嘉稱（ ༈ རྗེ་བཙུན་གྲགས་པ་རྒྱལ་མཚན། rje btsun grags pa rgyal mtshan/，至尊・稱譽勝幢，1147－1216）所造修心教誡之一的《傑尊・札巴嘉稱之甚深教誡》，藏文原文出自《薩迦全集》（ ༀ། །ས་སྐྱ་བཀའ་འབུམ། sa skya bka' 'bum/），《札巴嘉稱文集》（གྲགས་པ་རྒྱལ་མཚན་གྱི་བཀའ་འབུམ། grags pa rgyal mtshan gyi bka' 'bum/）。風格為道歌形式，內文計有三頌半。以一首頌偈為四句，故此道歌共十四句，每句七字，共計九十八字。

薩迦三祖——傑尊・札巴嘉稱

༄༅། །རྗེ་བཙུན་གྲགས་པ་རྒྱལ་མཚན་གྱི་གདམས་ངག་ཟབ་མོ།

轉寫：/ /rje btsun grags pa rgyal mtshan gyi gdams ngag zab mo/

《傑尊・札巴嘉稱之甚深教誡》

第一頌：

ཚེ་འདིའི་འདུ་ཤེས་མ་ལོག་པར། །ཆོས་སྒོར་ཞུགས་པས་ཅི་ལ་ཕན། །སྐྱེ་ཤི་འཇིགས་པ་མེད་པ་ལ། །གདམས་ངག་བསྟན་པས་ཅི་ལ་ཕན།

【譯】此生思想無倒錯，入於法門何利益？生死無有怖畏懼，傳授訣竅何利益？

【解】如果在此生當中，所有念想之思想沒有顛倒錯亂，則入於佛法的法門有何利益？顯然不需多此一舉。又，如果對於生死，毫不心生恐怖、畏懼，則上師傳授修持的訣竅有何利益？顯然不需多此一舉。亦即，若此生之思想無錯誤顛倒，則不需要入於法門了；若不畏懼生死，則不需要傳授訣竅了。

　　此頌之精要，約同於修心《離四貪戀》的第一句【若貪戀此生 非行者】，即：如果貪戀、執著於此生的安樂、利益等，則不是佛法的修行者。

第二頌：

།རྣམ་རྟོག་སྐྲ་ལོ་མ་བྲེག་པར། །མགོ་སྐྲ་བྲེག་པས་ཅི་ལ་ཕན། །ཕྲ་མལ་འདུ་ཤེས་མ་བསྒྱུར་པར། །གོས་མདོག་བསྒྱུར་བ་ཅི་ལ་ཕན།

【譯】尋思之髮不修剪，頭髮剃剪何利益？凡庸思想不轉換，服色更換何利益？

【解】若不修剪尋思、分別心的頭髮，則光是表面上剃剪頭髮有何利益？又，若不改變、轉換那平凡、庸俗的思想，則光是外表上改變衣服的顏色有何利益？

第三頌：

།བླ་མ་དམ་པ་མ་བསྟེན་པར། །རང་ཡུལ་སྤངས་པས་ཅི་ལ་ཕན། །གདམས་ངག་ཉམས་སུ་མ་བླངས་ན། །ཐོས་བསམ་བྱས་པས་ཅི་ལ་ཕན།

【譯】賢正上師不依止，家鄉斷捨何利益？訣竅實修不斷捨，聞思徒做何利益？

【解】若不依止最上賢明、正信的上師，就算是亂除、捨離了家鄉，自我離俗修行，又有什麼好處？又，若貪戀、執著於實修訣竅，而究竟上不斷除、捨離，則光是進行聽聞、思維，有何利益？

　　此頌的末二句，約同於《離四貪戀》的第四句【耽著生起　非正見】，即：當耽著、執著於一切的見地時，則已不是正見。

第四頌（半頌）：

།འཆི་བའི་དུས་ལ་བབས་པ་ན། །ཆོས་མིན་ཕན་པ་མི་གདའ་འོ། །

【譯】命終之時若降臨，非法利益無有矣！

【解】所以生命終了的時刻一旦降臨，不如法的非佛法利益，是沒有的啊！

　　此最末尾之半頌（二句），主要說明終其一生費盡心力的行為或修持，倘若不如法、非佛法，則毫無用處，無有任何利益可言。

二、薩迦四祖　薩迦班智達・貢嘎嘉稱所造《文殊怙主上師薩迦大班智達所造：離四貪戀之教誡》

薩班所造《離四貪戀》之教誡（ཀྱཻ། །ས་པཎ་གྱིས་མཛད་པའི་ཞེན་པ་བཞི་བྲལ་གྱི་གདམས་ངག་བཞུགས་སོ།། //sa paN gyis mdzad pa'i zhen pa bzhi bral gyi gdams ngag bzhugs so//），為薩迦四祖　薩迦班智達・貢嘎嘉稱（༅ ས་སྐྱ་པཎྜི་ཏ་ཀུན་དགའ་རྒྱལ་མཚན། sa skya paNDi ta kun dga' rgyal mtshan/，薩迦博學者・遍喜勝幢，1180－1251）對薩迦初祖　薩千・貢嘎寧播（༅ ས་ཆེན་ཀུན་དགའ་སྙིང་པོ། sa chen kun dga' sny-

薩迦四祖──薩迦班智達・貢嘎嘉稱

ing　po/，大薩迦・遍喜心要，1092－1158）所傳修心法要《離四貪戀》四句頌偈所造的極短篇釋論，又稱《文殊怙主上師薩迦大班智達所造：離四貪戀之教誡》。藏文原文出自《薩迦全集》第12函[138]，《班智達・貢嘎嘉稱文集》（པཎྜི་ཏ་ཀུན་དགའ་རྒྱལ་མཚན་གྱི་བཀའ་འབུམ/ paNDi ta kun dga' rgyal mtshan gyi bka' 'bum/）第446－447頁。

ༀ། །འཇམ་མགོན་བླ་མ་ས་སྐྱ་པཎྜི་ཏ་ཆེན་པོས་མཛད་པའི་ཞེན་པ་བཞི་བྲལ་གྱི་གདམས་ངག་བཞུགས་སོ། །

轉寫：/ /'jam mgon bla ma sa skya paNDi ta chen pos mdzad pa'i zhen pa bzhi bral gyi gdams ngag bzhugs so/ /

《文殊怙主上師薩迦大班智達所造：離四貪戀之教誡》

稽首禮敬上師：

ༀ། བླ་མ་དམ་པའི་ཞབས་ལ་ཕྱག་འཚལ་ལོ།

【譯】賢正上師之蓮足下，恭敬頂禮！

【解】在具德賢明正信的上師跟前，於上師的蓮足之下，我等恭敬地向上師頂禮致敬！

---

138 《薩迦全集》第12函：藏文古籍刻本1736年德格版《薩迦五祖文集》第三卷第12函（ༀ།། དཔལ་ལྡན་ས་སྐྱ་པའི་བཀའ་འབུམ། པོད་གསུམ་པ། ན） DPAL LDAN SA SKYA PA'I BKA' 'BOM, The Collected Works of the Founding Masters of Sa-skya, Part 3, Volume 9 'Na'，印度 新德里（New Delhi, India）：薩迦中心（SAKYA CENTER），1993年出版，美國紐約藏傳佛教資源中心（Tibetan Buddhist Resource Center, New York, USA）掃描，P.446－447。

開篇引言：

།སྤྱིར་དལ་འབྱོར་གྱི་ལུས་ཐོབ། སངས་རྒྱས་ཀྱི་བསྟན་པ་རིན་པོ་ཆེ་དང་འཕྲད། བཅོས་མ་མ་ཡིན་པའི་བློ་སྐྱེས་ནས། དག་ཆེས་ཕྱིན་ཅི་མ་ལོག་པ་ཞིག་བྱེད་དགོས་པས། དེ་ལ་ཞེན་པ་བཞི་དང་བྲལ་བ་ཅིག་ཉམས་སུ་ལེན་དགོས།

【譯】總體上，既已得暇滿人身，又值遇了正覺之聖教珍寶，非虛假之心生起，應行於某無顛倒錯誤之正法，此即應覺受此《離四貪戀》。

【解】於一般來說，既然已經獲得八有暇與十圓滿的珍貴人身，又值遇了圓滿正等覺佛陀所傳如珍寶般的神聖佛教；並且生起非虛假、純正的真心發心，就應該奉行某一無有顛倒錯誤的微妙正法，在此即應當覺受、實修此《遠離四種貪戀》之修心法要。

此處所謂「非虛假」（བཅོས་མ་མ་ཡིན་པ། bcos ma yin pa/），即指真實不虛、勝義空性（དོན་དམ་སྟོང་ཉིད། don dam stong nyid/）之真理。

དེ་གང་ཞེ་ན། ཚེ་འདི་ལ་མ་ཞེན་པ། ཁམས་གསུམ་འཁོར་བ་ལ་མ་ཞེན་པ། བདག་གི་དོན་ལ་མ་ཞེན་པ། དངོས་པོ་དང་མཚན་མ་ལ་མ་ཞེན་པའོ།

【譯】若問「何為彼？」，即：「不貪戀此生；不貪戀三界輪迴；不貪戀一己之利；不貪戀實有與名相矣！」

【解】如果問：「什麼是那《離四貪戀》？」，就是：「不貪戀這一生；不貪戀欲界、色界、無色界等三界的輪迴；不貪戀自己的個人利益；不貪戀實有（現象）與名相（特性）喔！」

上述訣竅中，「不貪戀此生」即指修心法要《離四貪戀》根本四句頌偈的第一句「若貪戀此生　非行者」。「不貪戀三界輪迴」，即指第二句「貪戀輪迴　無出離心」。「不貪戀一己之利」，即指第三句「貪戀己利　失菩提心」。「不貪戀實有與名相」，即指第四句「耽著生起　非正見」。以下分別對其作簡要之闡釋。

（一）闡釋《離四貪戀》第一句 若貪戀此生 非行者：

དེ་བཤད་ན། ཚེ་འདི་ཆུའི་ཆུ་བུར་དང་འདྲ་བས། ནམ་འཆི་ངེས་པ་མེད་པས་ཞེན་པ་བྱ་རིན་མི་ཚེག

【譯】若釋彼，即：此生如似水中之水泡，何時死亡無確定，故貪戀不值得。

【解】如果對其加以解釋，就是：這一生就像水中的泡沫，什麼時候破滅死亡則沒有確定的時間，所以不值得對其生起貪戀執著。

（二）闡釋《離四貪戀》第二句 貪戀輪迴 無出離心：

།ཁམས་གསུམ་འཁོར་བ་འདི་དུག་གི་འབྲས་བུ་དང་འདྲ་བས་འཕྲལ་ཞིམ་ཡང་ཕུགས་སུ་གནོད་པ་སྐྱེལ། སུ་ཞིན་པར་བྱེད་པ་ཚོ་འཁྲུལ།

【譯】彼三界輪迴，如似毒果實，眼前甘美，最終又致生不饒益，誰起貪戀則聚迷亂。

【解】那三界輪迴，就像有毒的果實，眼前暫時甘香甜美，但最後究竟會致生損害、不饒益，所以任誰對其生起貪戀執著，則匯聚了虛妄錯謬的迷亂。

（三）闡釋《離四貪戀》第三句 貪戀己利 失菩提心：

རང་གི་དོན་ལ་ཞེན་ན་དགྲ་བོའི་བུ་གསོས་པ་དང་འདྲ། འཕྲལ་དགའ་དགའ་ལྟར་བྱེད་ཀྱང་། ཕུགས་སུ་རང་ལ་གནོད་པ་སྐྱེལ་ཞེས། དེས་ན་རང་དོན་ལ་ཞེན་ན་འཕྲལ་བདེ་ཡང་ཕུགས་སུ་ངན་སོང་དུ་འགྲོ།

【譯】一己之利若貪戀，如似撫育怨敵子，眼前盡作似喜之喜，最終何等對己之不饒益定致生。是故若貪戀己利，眼前雖安樂但終究入惡趣矣！

【解】如果貪戀執著個人一己的利益，就像收養、撫育仇敵的兒子，眼前暫時盡興所造作的歡喜像是歡喜，最後終究會致生各種對自己不饒益的損害。所以如果貪戀執著自己個人的利益，眼前暫時獲得安樂，但最終會墮入旁生（畜生道）、餓鬼、地獄等三惡趣之中啊！

（四）闡釋《離四貪戀》第四句 耽著生起 非正見：

【譯】若於實有與名相現起貪戀，如似耽著陽焰之水，眼前水現，而口無飲漿。彼輪迴為心之錯亂所現，若以智慧思察，體性則毫不成立。是故領悟過去之心不入，未來之心不入，現此時之魂識不入，以而理解一切法離戲矣！

【解】如果對於實有（現象）和名相（特性）現起了貪戀執著，就像去耽著、迷戀陽焰[139]中的水，眼前暫時雖顯現有水，然而最終口中喝不到任何水或飲料。那輪迴，是心的錯亂所顯現，如果以智慧來思辯分析，其體性、本質則絲毫不存在、不成立。所以須領悟：不入、住、追尋過去的心，不入未來的心，連現在此時此刻的靈魂神識都不入，從而理解、知曉、領會一切萬法皆遠離戲論啊！

小結：

【譯】如是之故：此生不貪戀，則惡趣不生；三界不貪戀，則輪迴不生；一己之利不貪戀，則聲、獨不生；實有與名相不貪戀，則將速現證正等覺矣！

---

139 陽焰：藏文 སྨིག་རྒྱུ།（smig rgyu/），指盛夏時天候炎熱，沙漠遠處映現如河流的幻覺景象。形似海市蜃樓。

【解】如前所說：不貪戀執著此短暫的一生，則不會投生到三惡趣；不貪戀執著三界，則不於輪迴中再再投生流轉；不貪戀個人一己的利益，則不致生為小乘的聲聞、獨覺等劣乘；不貪戀實有（現象）與名相（特性），則將迅速現證得正等正覺的佛果位啊！

篇末題記：

|ཞེན་པ་བཞི་བྲལ་གྱི་གདམས་ངག་ཕྱིན་ཅི་མ་ལོག་པ། དཔལ་ས་སྐྱ་པ་ཆེན་པོའི་ཐུགས་དགོངས། ས་སྐྱ་པཎྜི་ཏས་སྤྱར་བ་རྫོགས་སོ།། །།

【譯】此無有顛倒之《離四》教誡，為遵吉祥大薩迦巴之心中密意，由薩迦班智達題寫圓滿！

【解】這篇沒有顛倒、錯誤的《離四貪戀》教誡，為遵循吉祥大薩迦巴（薩迦初祖　薩千・貢嘎寧播）之心中密意的原意，由薩迦班智達（薩迦四祖　薩班・貢嘎嘉稱）所圓滿題寫！

三、第一世宗薩欽哲仁波切　蔣揚欽哲旺播造《修心離四貪戀之道歌・心要甘露》

　　此頌偈為第一世宗薩欽哲仁波切 蔣揚欽哲旺播（ འཇམ་དབྱངས་མཁྱེན་བརྩེའི་ དབང་པོ། ’jam dbyangs mkhyen brtse’i dbang po/，文殊智悲權王，1820－1892）為闡釋《離四貪戀》根本頌偈所造之修心道歌，藏文原文出自《續部

第一世宗薩欽哲仁波切 蔣揚欽哲旺播

總集》第23函[140]，第535－536頁。其風格內容為以詞句工整之頌偈形式呈現，共計六頌，每頌四句，每句八字，全文總計192字。

於結構上，分：前行、正行、結行等三個部分。

前行，為第一頌之四句，內容主要為禮敬上師：文殊菩薩，以及與文殊菩薩無有分別的薩迦派歷代《離四貪戀》修心法要的傳承上師，並作祈願。

正行，為自第二頌至第五頌等四首頌偈，內容主要各以一頌（四句）依序闡釋《離四貪戀》根本四句頌偈中的一句修心要義，言簡意賅。

結行，則為最末一頌，內容主要為迴向與發願。

ༀ། །བློ་སྦྱོང་ཞེན་པ་བཞི་བྲལ་གྱི་ཉམས་དབྱངས་སྙིང་གི་བདུད་རྩི་ཞེས་བྱ་བ་བཞུགས་སོ། །

轉寫：/ /blo sbyong zhen pa bzhi bral gyi nyams dbyangs snying gi bdud rtsi zhes bya ba bzhugs so/ /

《修心離四貪戀之道歌・心要甘露》

---

140 《續部總集》第23函：蔣揚洛喋旺播 編（འཇམ་དབྱངས་བློ་གཏེར་དབང་པོ། 1847－1914）：《修心離四貪戀法類》（ༀ། །བློ་སྦྱོང་ཞེན་པ་བཞི་བྲལ་གྱི་སྐོར་བཞུགས་སོ།།），藏文古籍刻本1971年印度德里版《續部總集》第23函（ༀ།། རྒྱུད་སྡེ་ཀུན་བཏུས། སྨྲས་པ་བཀའ་ ༈ ），RGYUD SDE KUN BTUS, TEXT EXPLAINING THE SIGNIFICANCE, TECHNIQUES, AND INITIATIONS OF A COLLECTION OF ONE HUNDRED AND THIRTY TWO MANDALAS OF THE SA-SKYA-PA TRADITION, Volume XXIII, Volume 23 'Va', 印度 德里（Delhi）：N. Lungtok & N. Gyaltsan出版發行，1971－1972年出版，美國紐約藏傳佛教資源中心（Tibetan Buddhist Resource Center, New York, USA）掃描，P.535－536。

（一）前行

第一頌 禮敬祈請：

རྗེ་འཇམ་དཔལ་དབྱངས་བླ་མའི་བྱིན་རླབས་ཀྱིས། །མཁའ་ཁྱབ་ཀྱི་འགྲོ་ཀུན་དམ་ཆོས་སྒྲུབ། །ཆོས་ལམ་ལོངས་ལམ་གྱི་འཁྲུལ་པ་ཞི། །འཁྲུལ་སྣང་ཀུན་དབྱིངས་སུ་འཆར་བར་ཤོག

【譯】傑・文殊上師加持之，遍空之眾生正法行，法道圓滿道之亂息，幻象盡化法界祈！

【解】在至尊・文殊上師的加持之下，遍滿虛空的所有眾生，修行於微妙正信佛法中，佛法之道、圓滿道路上的迷亂普皆息滅，祈願所有的幻象普皆消逝而化於法界！

（二）正行

第二頌 闡釋《離四貪戀》第一句：

།རྟེན་དལ་འབྱོར་རྙེད་དཀའ་ཕྱོག་ཐུར་ཀྱང་། །ཚེ་འདི་ལ་ཞེན་ན་ཆོས་པ་མིན། །དུས་སྐད་ཅིག་མི་རྟག་འཇིག་པའི་ཕྱིར། །ལས་དགེ་སྡིག་བླང་དོར་བཙོན་ཡང་འཆལ།

【譯】所依暇滿難得人身已得，若貪戀此生 非行者，畏懼剎那時無常故，應精勤取捨善惡業！

【解】既已獲得所依的暇滿難得人身，然而卻會變易，「如果貪戀、執著於此生此世，就不是真正的修行者」；由於畏懼時光中剎那的瞬時無常之故，所以應當精勤地取捨善惡業，並更加需要去實行！

第三頌 闡釋《離四貪戀》第二句：

།བྲོ་དགར་བའི་ཆེན་ལ་ཕྱོགས་གྱུར་ཀྱང་། །ཁམས་གསུམ་ལ་ཞེན་ན་ངེས་འབྱུང་མིན། །ཕྱག་བསྐལ་གྱི་རང་བཞིན་འཁོར་བ་ལས། །བཅོས་མིན་གྱི་ཐར་འདོད་སྐྱེད་ཀྱང་འཆལ།

【譯】心已入微妙正法方，貪戀輪迴 無出離心，苦厄之自性輪迴出，真理之解脫應生起！

【解】心，既已進入微妙正法的方向，「如果貪戀於欲界、色界、無色界等三界輪迴，就沒有出離心」；苦厄、痛苦的自性、本質，即出自輪迴，所以應當希冀、想望而願生起真實勝義真理的解脫！

第四頌 闡釋《離四貪戀》第三句：

།རང་ཞི་བདེ་ཚལ་ཞིན་ཏོ་གཉེར་ཡང་། །བདག་དོན་ལ་ཞེན་ན་བྱུང་སེམས་མིན། །སེམས་ཅན་ཀུན་ཡ་མ་དྲིན་ཅན་ཕྱིར། །བྱམས་སྙིང་རྗེ་བྱང་སེམས་སྐྱོང་ཡང་འཚལ།

【譯】唯僅謀求自一寂樂，貪戀己利 失菩提心，眾生皆父母具恩者，應當修慈悲菩提心！

【解】即便僅只謀取追求自己一人的寂滅（解脫、涅槃）與安樂，「若貪戀一己的利益，就失去了菩提心」；一切眾生普遍皆盡是我們具足恩德的父母，所以應當修持慈心、悲心、菩提心！

第五頌 闡釋《離四貪戀》第四句：

།ཀུན་རྫོབ་ཀྱི་བྱང་སེམས་འབྱོངས་གྱུར་ཀྱང་། །འཛིན་པ་བྱུང་ན་ལྟ་བ་མིན། །བདག་འཛིན་རྩ་བ་གཅོད་པའི་ཕྱིར། །སྤྲོས་བྲལ་གྱི་དབྱིངས་སུ་སྐྱེལ་ཡང་འཚལ།

【譯】世俗菩提心已精熟，耽著生起 非正見，我見根本需斷故，離戲之法界應當往！

【解】世俗的菩提心，雖已修持至精煉、純熟，「如果耽著、貪戀生起，就不是正見」；由於需要斷除我見的根，是故應當前往遠離戲論的法界，即入於遠離作意的實相境界！

（三）結行

第六頌 迴向發願：

|ཚིག་དེ་སྐྱེས་རྗེ་བཙུན་འཇམ་དཔལ་དབྱངས་ཀྱིས། །དཔལ་བརྩེ་བ་ཆེན་པོར་གདམས་པའི་བཅུད། །ཉམས་སུ་གང་དབྱངས་སུ་བླངས་པའི་དགེས། །མ་འགྲོ་ཀུན་བྱང་ཆུབ་མྱུར་ཐོབ་ཤོག

【譯】此詞語為至尊文殊，吉祥大悲之教授，體驗任何升音執喜，如母眾生速得菩提！

【解】這些頌偈的詞語為至尊文殊菩薩傳授給吉祥大悲（薩迦初祖 薩千・貢嘎寧播）的珍貴教授，體驗、實修其中任何升起的妙音，並執取而歡喜，祈願猶如母親恩德的所有眾生，皆能迅速獲得正等正覺的無上菩提果位！

篇末題記：

|ཅེས་པ་འདི་ཕྱོགས་མེད་ཀྱི་རྒྱལ་ཁམས་ཀུལ་པའི་བྱུ་བྲལ་བ་འཇམ་དབྱངས་མཁྱེན་བརྩེའི་དབང་པོས་ཡོན་ཏན་རིན་པོ་ཆེ་དུ་མའི་འབྱུང་གནས་དཔལ་ས་སྐྱའི་ཆོས་གྲྭར། རྗེ་བཙུན་འཇམ་པའི་དབྱངས་ཀྱིས་བླ་མ་ས་སྐྱ་པ་ཆེན་པོ་ལ་དངོས་སུ་ཞལ་བསྟན་ཅིང་གནང་བ་བཀའ་བ་རང་བྱུང་རྡོ་རྗེའི་བྲག་གི་ཀེའུ་ཚང་དུ་བྲིས་པ་དགེ། །སརྦ་མངྒ་ལཾ། །དགེའོ།། ॥

【譯】此謂無方遊方王土之出世者——蔣揚欽哲旺播，於諸多功德珍寶緣生之處——吉祥薩迦經院，在至尊文殊菩薩真實顯現於上師大薩迦巴面前及親語賜予之處——自生金剛岩之洞窟中所書。 薩瓦芒嘎浪！ 給哦！

【解】以上這些頌偈的詞文，即稱作不分方位[141]而巡遊各方國土之出世者——蔣揚欽哲旺播（第一世宗薩欽哲仁波切），於諸多功德珍寶緣生之處——吉祥薩迦經院（吉祥薩迦寺），在至尊・文殊菩薩真實顯現於上師大薩迦巴（薩迦初祖 薩千・貢嘎寧播）面前以及親自口授賜予修心法要《離

---

141 不分方位：藏語ཕྱོགས་མེད། phyogs med/。此處暗喻 第一世宗薩欽哲仁波切倡導於藏傳佛教中不分別、不偏執各宗派之功德。

四貪戀》根本頌偈之處——自生金剛岩之洞窟[142]中所善加書寫，造此道歌頌偈。

　　最末尾之二句梵語吉祥文，為以藏文拼寫印度梵文，各為：「薩瓦芒嘎浪！」（sarba-mangga-lam），意為一切吉祥！；以及「給哦！」（dge-'o），意為善哉！

---

142 自生金剛岩之洞窟：藏語 རང་བྱུང་རྡོ་རྗེའི་བྲག rang byung rdo rje'i brag。此處聖地，位於今西藏自治區薩迦縣薩迦北寺之薩千・貢嘎寧播成就泉岩洞。

第七章 藏漢對譯實修儀軌

藏漢對譯實修儀軌一：《離四貪戀》根本頌偈

藏漢對譯實修儀軌二：《離四貪戀》實修口訣頌偈

藏漢對譯實修儀軌三：《離四貪戀》上師傳承祈請文

本章內容，主要提供對薩迦派修心次第——《離四貪戀》修心法要有興趣及信心之信眾，能有些許可供平日誦念、記憶的實修口訣，故在此錄有：《離四貪戀》四句根本頌偈（一頌）、《離四貪戀》實修口訣頌偈（三頌）、《離四貪戀》上師傳承祈請文（十五頌）等三首主要的誦唸口訣儀軌。其中的第一首頌偈，為《離四貪戀》最根本的四句頌偈。第二首頌偈為極重要的加持祈請文，於薩迦派各祈請文或各本尊的成就法修持儀軌中，時常可見。第三首為《離四貪戀》的上師傳承祈請文，以及對應於四句根本頌偈的總結口訣。

為了利益不便閱讀或拼讀藏文的華人信眾，此等實修口訣儀軌，並皆附有藏文原文、譯音（羅馬拼音，非文字轉寫）、漢語拼音、譯意（直譯）、解釋等，可同時作為實修誦唸之儀軌兼閱讀理解之參考。

◎凡例：

1.實修讀誦時，請拼讀「譯音：」中所附之漢語拼音或羅馬拼音。

2.「轉寫」不等於「譯音」。轉寫為以一套對應的字符，專作為兩種文字之間雙向的拼寫轉換，例如威利轉寫（Wylie transliteration）方案等，僅做為藏文與羅馬拼寫之間的精確雙向轉換，並非為精準拼讀藏文所創設；譯音則為採羅馬拼音等其他文字，對另一文字進行單向的拼讀，僅著重於提供較準確的拼音，而不能進行雙向的兩種文字互換，例如以羅馬拼音或華文拼讀藏文。故轉寫與譯音（拼音）有差異。

如：藏文འགྲོ་བར། （眾生）一辭，轉寫寫作：'jro bar/；而譯音的羅馬拼音則寫作：jro wa，二者截然不同。又於此辭中的藏文འ，轉寫寫作：「'」（或有寫作v）；而譯音方面，則因不發音而將之省略。

本書中除本章為提供拼讀之譯音（羅馬拼音），其他各章中絕大多數

對於文中所附藏文皆再附有轉寫。

　　3.「譯音：」中的華語拼音，凡遇「記」字，應發台語（古河洛話）發音「gyi」；亦同於台語發音的「基」字。

藏漢對譯實修儀軌一：《離四貪戀》根本頌偈

　　薩迦派極重要的修心法要《離四貪戀》，為薩迦初祖——薩千‧貢嘎寧播十二歲時（西元1103年），修持六個月的文殊菩薩法門閉關之後親見本尊，由至尊文殊師利菩薩親口宣說並授予了修心法要《離四貪戀》四句頌偈。此殊勝之緣起詳見本書「第二章　《離四貪戀》修心法要的緣起」：二、《離四貪戀》緣起讖語之藏漢對譯與譯注。

　　以下為《離四貪戀》四句根本頌偈之藏文原文、轉寫、譯音（拼音）與譯意。須特別注意下列之「轉寫」，功能上為純粹兩種文字間的雙向對應轉換，並非幫助讀者拼讀的拼音。若須拼讀藏文發音，請參考如下「譯音」所示拉丁文或中文拼音。

༄༅། །ཞེན་པ་བཞི་བྲལ། །

《離四貪戀》

The Parting of Four Attachments

第一句

原文：།ཚེ་འདི་ལ་ཞེན་ན་ཆོས་པ་མིན།

轉寫：/tshe 'di la zhen na chos pa min/

譯音：tshe di la zhen na choe pa min

　　　切迪拉 顯拿 卻巴敏

譯意：若貪戀此生 非行者；（如果執著貪戀於此生的欲樂，則不算是修行者）

If you have attachment to this life, you are not a religious person.

第二句

原文：｜འཁོར་བ་ལ་ཞེན་ན་ངེས་འབྱུང་མིན｜

轉寫：/'khor ba la zhen na nges 'byung min/

譯音：khor wa la zhen na nge jyung min

　　　闊瓦拉 顯拿 內炯敏

譯意：貪戀輪迴 無出離心；（如果執著貪戀在世間輪迴中，就沒有出離心）

If you have attachment to the world of existence, you do not renunciation.

第三句

原文：｜བདག་དོན་ལ་ཞེན་ན་བྱང་སེམས་མིན｜

轉寫：/bdag don la zhen na byang sems min/

譯音：dag don la zhen na chang sem min

　　　達敦拉 顯拿 強森敏

譯意：貪戀己利 失菩提心；（如果執著貪戀於自己的利益，就喪失了菩提心）

If you have attachment to your own purpose, you do not have enlightenment mind.

第四句

原文：｜འཛིན་པ་བྱུང་ན་ལྟ་བ་མིན｜ ｜

轉寫：/'dzin pa byung na lta ba min/

譯音：dzin pa jyung na ta wa min

　　　錦巴炯拿 大瓦敏

譯意：耽著生起 失正知見。（當執著生起時，已失去了正知見）

If grasping arises, you do not have the view.

藏漢對譯實修儀軌二：《離四貪戀》實修口訣頌偈

以《離四貪戀》為薩迦派之不共修心法要為由顯入密之極重要修心道次第，故此四句《離四貪戀》實修口訣頌偈，可做為修心《離四貪戀》之加持祈請文。亦可於念誦《四皈依文》[143]後接續持誦；或接於任何薩迦派傳規之祈請文後。此《離四貪戀》實修口訣頌偈，計有三頌，每頌四句，每句九字，故共計一百零八字。第一頌為向上師及三寶祈請加持我之身、口、意；第二頌及第三頌，各皆為《離四貪戀》四句根本頌偈做簡明之指引與祈願，是為簡潔明確之次第導引。

第一頌：

ༀ། །བླ་མ་མཆོག་དང་དཀོན་མཆོག་རིན་པོ་ཆེ། །རྣམ་པ་གསུམ་ལ་ཕྱག་འཚལ་གསོལ་བ་འདེབས། །ཁྱེད་ཀྱིས་བདག་དང་སེམས་ཅན་ཐམས་ཅད་ཀྱི། །ལུས་ངག་ཡིད་གསུམ་བྱིན་གྱིས་བརླབ་ཏུ་གསོལ།

譯音：la ma chog dang kon chog rin po che, nam pa sum la chyag tshal sol wa deb, khye kyi dag dang sem jen tham je kyi, lu ngag yi sum chin gyi lab tu sol.

喇嘛 秋當 貢秋 仁波切，南巴 頌拉 恰查 索瓦喋，切記 達當 森間 湯傑記，呂昂 意頌 欽記 剌度索

譯意：勝上師與三寶珍貴寶，虔敬禮敬頂禮與祈請，您於吾等一切之眾生，身口意三者祈賜加持！

最勝上師與佛、法、僧等三種珍寶，在此虔敬地禮敬、頂禮與祈請，祈請您對於我與一切眾生的身、口、意等三門，賜予加持！

---

143 《四皈依文》：印度梵文、藏文、漢文等，任何廣、略版本「皈依上師、皈依佛、皈依法、皈依僧」之念頌文。

第二頌：

།བདག་བློ་ཆོས་སུ་འགྲོ་བར་བྱིན་གྱིས་རློབས། །དམ་ཆོས་ལམ་དུ་ལོངས་པར་བྱིན་གྱིས་རློབས། །ལམ་གྱི་འཁྲུལ་པ་
ཞི་བར་བྱིན་གྱིས་རློབས། །འཕྲུལ་སྣང་དབྱིངས་སུ་འཆར་བར་བྱིན་གྱིས་རློབས།

譯音：dag lo choe su jro war chyin gyi lob, tam choe lam du long par chyin gyi lob, lam gyi khrul pa zhi war chyin gyi lob, phrul nang jying su char bar chyin gyi lob.

達洛 卻素 卓瓦 欽記洛，坦卻 蘭杜 隆巴 欽記洛，蘭記 觸巴 息瓦 欽記洛，觸囊 映素 恰瓦 欽記洛

譯意：自心趨入佛法祈加持，圓成正法道路祈加持，道上幻惑平息祈加持，幻象升為法性祈加持！

自心趨入佛法祈加持——祈請加持遠離對此生的執著貪戀後，自己的心趨向、進入於法；此句對應《離四貪戀》第一句 若貪戀此生 非行者。

圓成正法道路祈加持——祈請加持遠離對三界輪迴等世間的執著貪戀後，已行於法道上；此句對應第二句 貪戀輪迴 無出離心。

道上幻惑平息祈加持——祈請加持遠離對自己的目的、利益的執著貪戀後，道上的錯亂、迷誤已滅除了；此句對應第三句 貪戀己利 失菩提心。

幻象升為法性祈加持——祈請加持遠離了四種邊執之後，外境的幻象顯現、升起為根本智；此句對應第四句 耽著生起 非正見。

第三頌：

།ཆོས་མིན་རྣམ་རྟོག་འགག་པར་བྱིན་གྱིས་རློབས། །བྱམས་དང་སྙིང་རྗེ་སྐྱེ་བར་བྱིན་གྱིས་རློབས། །བྱང་ཆུབ་སེམས་གཉིས་འབྱོངས་པར་བྱིན་གྱིས་རློབས། །མྱུར་དུ་རྣམ་མཁྱེན་ཐོབ་པར་བྱིན་གྱིས་རློབས། །ཞེས་གསོལ་བ་བཏབ་ལ།

譯音：choe min nam tog gag par chyin gyi lob, chyam dang nying jey kye bar chyin gyi lob, chyang chub sem nyie chyong par chyin gyi lob, myur du nam khyen thob par chyin gyi lob.

卻敏 南剃 嘎巴 欽記洛，強當 寧傑 皆瓦 欽記洛，強秋 森尼 炯巴 欽記洛，謬杜 南謙 拓巴 欽記洛 （加此祈請文）

譯意：非法分別阻擋祈加持，慈與悲心生起祈加持，二菩提心純熟祈加持，迅速獲得智慧祈加持！

祈請加持對於不如法、非佛法的不正分別心，當予以阻擋；祈請加持生起慈心與悲心；祈請加持精煉、純熟於二種菩提心，祈請加持迅速獲得智慧！（可於其他頌偈之後，附加持誦此祈請文）

藏漢對譯實修儀軌三：《離四貪戀》上師傳承祈請文

　　《離四貪戀》上師傳承祈請文，內容依序主要分：稽首梵文吉祥語、上師傳承（四頌）、上師傳承之補篇（五頌）、上師傳承之近代增補（一頌）、《離四貪戀》總結口訣之一（四頌）、《離四貪戀》總結口訣之二（一頌）等六個部分。除了「上師傳承之補篇」、「上師傳承之近代增補」等二處補遺之增補（共計六頌）之外，其餘皆為薩迦哦支派的創派宗師 哦千・貢嘎桑播所造。

　　於結構上，前四個部分皆為《離四貪戀》上師傳承祈請文；而最後二個部分，則為對應《離四貪戀》四句根本頌偈的總結口訣。前者詳述傳授《離四貪戀》的歷代傳承祖師盛名，特別於「上師傳承之近代增補」（第十頌）之處，可依個人受法之師承而選擇置換較合宜之增補版本；後者為前賢修持此修心法要已獲證悟後所總結出的精簡口訣，值得仔細閱讀、體會，必有所感悟。

　　本篇祈請文的版本，主要依據：《續部總集》第23函（ཀྱེ།　རྒྱུད་སྡེ་ཀུན་བཏུས། སྐྱེས་བམ། ཥ ）中《修心離四貪戀法類》（ཀྱཻ། བློ་སྦྱོང་ཞེན་པ་བཞི་བྲལ་གྱི་སྐོར་བཞུགས་སོ།） 所載的《離四貪戀之上師傳承祈請文》（ཥ ཞེན་པ་བཞི་བྲལ་གྱི་བླ་མ་བརྒྱུད་པ་ལ་གསོལ་བ་འདེབས་པ་བཞུགས་སོ།）。藏文原文共計十五頌。

ཀྱེ། ཞེན་པ་བཞི་བྲལ་གྱི་བླ་མ་བརྒྱུད་པ་ལ་གསོལ་བ་འདེབས་པ་བཞུགས་སོ།།

轉寫：/ /zhen pa bzhi bral gyi bla ma brgyud pa la gsol ba 'debs pa
bzhugs so/ /

《離四貪戀之上師傳承祈請文》

稽首梵文吉祥語：

ༀ། །ན་མཿ་ཤྲི་གུ་རུ་ཝེ།

譯音：na ma shri gu ru wey!

拿瑪 西利 咕如 喂

譯意：南無 具德上師分！

禮敬、頂禮最上具足威德的上師啊！

第一部分 上師傳承（共四頌）：

第一頌

འགྲོ་བའི་བླ་མ་སྟོན་པ་རྫོགས་སངས་རྒྱས། །རྒྱལ་སྲས་ཐུ་བོ་མགོན་པོ་འཇམ་པའི་དབྱངས། །དེ་ཡིས་རྗེས་བཟུང་རྗེ། བཙུན་ས་སྐྱ་པ། །སྐྱབས་མཆོག་མཚུངས་མེད་གསུམ་ལ་གསོལ་བ་འདེབས།

譯音：jro wai la ma ton pa dzog sang gye, gyal srey thu wo gon po jam pai yang, de yi jey zung jey tsun sa kya pa, kyab chog tshung mey sum la sol wa deb.

卓威 喇嘛 敦巴 作桑傑，嘉謝 突窩 鞏播 蔣貝揚，喋意 傑松 傑尊 薩迦巴，夾秋 聰美 頌拉 索瓦喋

譯意：眾生上師本師圓滿佛，佛子之首怙主妙吉祥，隨攝接引至尊薩迦巴，殊勝無比三怙敬祈請！

眾生的上師，以及圓滿正等正覺的本師釋迦牟尼佛，佛子（菩薩）之首、眾生的依怙之主──妙吉祥（文殊菩薩），隨行攝益、接引眾生的至尊薩迦巴──薩迦初祖 薩千・貢嘎寧播（ས་ཆེན་ཀུན་དགའ་སྙིང་པོ།，大薩迦・普喜心要，1092－1158），向殊勝、無比的三位眾生的依怙主恭敬地祈請！

第二頌

།རིག་པའི་གནས་ལྔ་མཐར་ཕྱིན་བསོད་ནམས་རྩེ། །མདོ་རྒྱུད་ཀུན་མཁྱེན་རྗེ་བཙུན་རིན་པོ་ཆེ། །ཐུབ་དབང་གཉིས་པ་ས་སྐྱ་པཎྜི་ཏ། །རྒྱལ་བའི་རྒྱལ་ཚབ་གསུམ་ལ་གསོལ་བ་འདེབས།

譯音：rig pai ne nga thar phyin soe nam tse, do gyu kun khyen jey tsun rin po che, thub wang nyi pa sa kya pan di ta, gyal wai gyal tshab sum la sol wa deb.

哩貝 內昂 踏欽 索南孜，朵局 棍謙 傑尊 仁波切，突旺 逆巴 薩迦 班智達，嘉威 嘉察 頌拉 索瓦喋

譯意：五明究竟索南孜摩尊，經續遍智傑尊仁波切，第二能仁薩迦班智達，佛之代理三尊敬祈請！

五種明處[144]（大小五明）已達徹底、究竟的薩迦二祖 洛奔・索南孜摩（ སློབ་དཔོན་བསོད་ནམས་རྩེ་མོ，阿闍梨・福澤頂尖，1142－1182），顯經、密續通遍一切智慧的薩迦三祖 傑尊仁波切・札巴嘉稱（ རྗེ་བཙུན་རིན་པོ་ཆེ་གྲགས་པ་རྒྱལ་མཚན，至尊珍貴寶・稱譽勝幢，1147－1216），第二釋迦能仁佛（第二佛陀）薩迦四祖 薩迦班智達・貢嘎嘉稱（ ས་སྐྱ་པཎྜི་ཏ་ཀུན་དགའ་རྒྱལ་མཚན，薩迦大學者・普喜勝幢，1182－1251），向三位佛陀的補處、現世代理者，恭敬地祈請！

---

144 五種明處：藏文རིག་པའི་གནས་ལྔ（rig pa'i gnas lnga/），又稱作五明，分大五明、小五明。
　　大五明即：內明、因明、聲明、醫方明、工巧明。小五明即：星算學、修辭學、詞藻學、韻律學、戲劇舞蹈學。詳見筆者拙著：《藏曆與藏密修持》（Tibetan Calendar and Tibetan Buddhist Practice），吉祥賢 編著，台北，喜旋文化出版工作室，2012年5月再版，第21頁。

第三頌

|བསྟན་པའི་མངའ་བདག་འཕགས་པ་རིན་པོ་ཆེ། །ཐོས་བསམ་སྒོམ་པས་རྒྱུད་ཕྱུག་དཀོན་མཆོག་དཔལ། །དངོས་གྲུབ་མཆོག་བརྙེས་ཆོས་རྗེ་བྲག་ཕུག་པ། །མཁས་གྲུབ་དམ་པ་གསུམ་ལ་གསོལ་བ་འདེབས།

譯音：tan pai ngah dag phag pa rin po che, thoe sam gom pae gyu chyug kon chog pal, ngo grub chog nye choe jey jrag phug pa, khe grub tam pa sum la sol wa deb.

殿貝 昂達 帕巴 仁波切，推散 鞏巴 覺觸 貢秋巴，哦祝 秋涅 卻傑 岔鋪巴，凱祝 坦巴 頌拉 索瓦喋

譯意：聖教君主帕巴仁波切，聞思修續廣有貢秋巴，成就榮膺卻傑岔鋪巴，賢哲賢正三尊敬祈請！

佛陀聖教、君主——薩迦五祖 帕巴仁波切・羅卓嘉稱（༔ ཆོས་རྒྱལ་འཕགས་པ་བློ་གྲོས་རྒྱལ་མཆན། 八思巴法王・智慧勝幢，1235－1280），相續廣有聞、思、修——祥・貢秋巴（༔ ཞང་དཀོན་མཆོག་དཔལ། 祥氏・三寶吉祥，1240－1308）祖師[145]，榮膺、證得成就——卻傑・岔鋪巴・索南巴（༔ ཆོས་རྗེ་བྲག་ཕུག་པ་བསོད་ནམས་དཔལ། 法主・岩洞者・福澤吉祥，1277－1350）[146]，向三位聖賢正信的賢哲恭敬祈請！

---

145 貢秋巴祖師：關於其生卒年，一說為1250－1317。

146 岔鋪巴：其生卒年，一說為1277－1358。

第四頌

ཀྱེ་གུའི་གཙུག་རྒྱན་བསོད་ནམས་རྒྱལ་མཚན་དཔལ། །དམ་པའི་དབང་ཕྱུག་དཔལ་ལྡན་ཚུལ་ཁྲིམས་ཞབས། །ཐམས་ཅད་མཁྱེན་པ་ཡེ་ཤེས་རྒྱལ་མཚན་ཏེ། །འདྲེན་མཆོག་བླ་མ་གསུམ་ལ་གསོལ་བ་འདེབས།

譯音：kye gui tsug gyan soe nam gyal tshan pal, dam pai wang chyug pal dan tshul khrim zhab, tham je khyen pa ye shey gyal tshan te, dren chog la ma sum la sol wa deb.

皆股 祝間 索南 嘉稱巴，坦貝 旺秋 巴殿 楚欽霞，湯傑 謙巴 耶謝 嘉稱 喋，珍秋 喇嘛 頌拉 索瓦喋

譯意：九生頂嚴索南嘉稱巴，教導自在巴殿楚欽尊，遍知一切之耶謝嘉稱，勝導上師三尊敬祈請！

眾生頭頂的莊嚴——第十四任薩迦大法座座主　喇嘛膽巴·索南嘉稱巴（ᨣ　སྐྱ་མ་དགས་པ་བསོད་ནམས་རྒྱལ་མཚན།，賢正上師·福澤勝幢，1312－1375）吉祥賢尊，教導自在——巴殿楚欽（ᨣ　དཔལ་ལྡན་ཚུལ་ཁྲིམས།，吉祥戒律，1333－1399）之尊足，遍一切智——夏千·耶謝嘉稱（ᨣ　ནར་ཆེན་ཡེ་ཤེས་རྒྱལ་མཚན།　大東宮·智慧勝幢，？－1406），向三位殊勝的導師上師恭敬祈請！

原文小注

རྫོ་ཆེན་ཐམས་ཅད་མཁྱེན་པ་ཀུན་དགའ་བཟང་པོས་མཛད་པའི་བློ་སྦྱོང་ཞེན་པ་བཞི་བྲལ་གྱི་བརྒྱུད་འདེབས་ཀྱི་ཁ་སྐོང་ངོ་།

譯意：哦千·湯傑謙巴——貢嘎桑播所造之修心《離四貪戀》傳承祈請文；補遺者：

以上四首頌偈，為薩迦哦巴支派創派宗師 —— 哦千·湯傑謙巴　貢嘎桑播（ᨣ　རྫོ་ཆེན་ཐམས་ཅད་མཁྱེན་པ་ཀུན་དགའ་བཟང་པོ།，大哦巴·遍一切智　遍喜賢者，1382－1456）所造之修心《離四貪戀》傳承祈請文；以下五首頌偈，

則為《離四貪戀》傳承祈請文之增補附錄，為　哦千・貢嘎桑播祖師之後的後世賢哲所增補。

第二部分 上師傳承之補篇（共五頌）：

第五頌

རྒྱལ་བས་ལུང་བསྟན་ཀུན་མཁྱེན་ཨེ་ཝཾ་པ། དེ་སྲས་ཐུ་བོ་དཀོན་མཆོག་རྒྱལ་མཚན་དཔལ། །སྨྲ་བའི་ཉི་མ་བསོད་ནམས་སེང་གེ་སྟེ། །རིག་གྲོལ་མཐར་ཕྱིན་གསུམ་ལ་གསོལ་བ་འདེབས།

譯音：gyal wae lung tan kun khyen ae wam pa, de sre thu wo kon chog gyal tshan pal, mra wai nyi ma soe nam seng ge te, rig jrol thar chyin sum la sol wa deb.

嘉威 隆殿 棍謙 耶旺巴，喋些 突窩 貢秋 嘉稱巴，瑪威 尼瑪 索南 興給 喋，哩卓 踏欽 頌拉 索瓦喋

譯意：佛所授記遍智耶旺巴，弟子之首貢秋嘉稱尊，語言之太陽索南興給，明解究竟三尊敬祈請！

佛陀所懸記、預言之遍一切智——耶旺巴[147]（ཨེ་ཝཾ་པ།，空樂者），哦千眾多弟子上首——貢秋嘉稱（⁓ དཀོན་མཆོག་རྒྱལ་མཚན།，三寶勝幢，1388－1469），語言之太陽——果讓巴・索南興給（⁓ བོ་རམ་པ་བསོད་ནམས་སེང་གེ，果讓巴・福澤獅子，1429－1489），向「明」（明智、智慧、學科）與解脫已達究竟的三位祖師恭敬祈請！

---

147 耶旺巴：即薩迦哦支派創派宗師、哦寺首任座主——哦千・貢嘎桑播（⁓ ངོར་ཆེན་ཀུན་དགའ་བཟང་པོ，大哦巴・遍喜賢者，1382－1456）。

第六頌

།འཇམ་པའི་དབྱངས་དངོས་སངས་རྒྱས་རིན་ཆེན་དང་། །སེམས་དཔའ་ཆེན་པོ་ནམ་མཁའ་དབང་ཕྱུག་ཞབས། །ལུང་རིགས་མངའ་བདག་ཀུན་དགའ་ལེགས་གྲུབ་སྟེ། །བསྟན་པའི་གསལ་བྱེད་གསུམ་ལ་གསོལ་བ་འདེབས།

譯音：jam pai yang ngo sang gye rin chen dang, sem pah chen po nam khah wang chyug zhab, lung rig ngah dag kun gah legs grub te, tan pai sal jye sum la sol wa deb.

蔣貝 揚哦 桑傑 仁千當，森霸 千播 南喀 旺秋霞，隆哩 昂達 棍嘎 雷祝喋，殿貝 薩皆 頌拉 索瓦喋

譯意：真實妙吉祥桑傑仁千，大菩薩南喀旺秋尊，教理之君主貢嘎雷祝，聖教顯揚三尊敬祈請！

真正的文殊菩薩化身——桑傑仁千（☞ སངས་རྒྱས་རིན་ཆེན），正覺珍寶，1450 －1524），申霸千播‧南喀旺秋（☞ སེམས་དཔའ་ཆེན་པོ་ནམ་མཁའ་དབང་ཕྱུག，大菩薩‧虛空自在），經教與道理之君主——貢嘎雷祝（☞ ཀུན་དགའ་ལེགས་གྲུབ，遍喜善成），顯揚聖教的三位尊者，向您敬祈請！

第七頌

།རིག་པར་སྨྲ་བ་ཀུན་དགའ་ཆོས་གྲགས་དང་། །གྲུབ་པའི་དབང་ཕྱུག་ཀུན་དགའ་རྣམ་པར་རྒྱལ། །མཁྱེན་རབ་མཐར་ཕྱིན་བསྟན་འཛིན་བཟང་པོ་སྟེ། །རྣམ་འདྲེན་དམ་པ་གསུམ་ལ་གསོལ་བ་འདེབས།

譯音：rig par mra wa kun gah choe grag dang, grub pai wang chyug kun gah nam par gyal, khyen rab thar chyin tan dzin zang po te, nam dren tam pa sum la sol wa deb.

哩巴 瑪瓦 棍嘎 卻札當，祝貝 旺秋 貢嘎 南巴嘉，謙刺 踏欽 殿錦 桑播喋，南珍 坦巴 頌拉 索瓦喋

譯意：明之語言貢嘎卻札與，成就自在貢嘎南巴嘉，智慧究竟之持教賢者，導師賢正三尊敬祈請！

「明」之語言——強巴貢嘎卻札（ᜭ བྱམས་པ་ཀུན་དགའ་ཆོས་གྲགས།，慈氏遍喜法稱），成就自在——貢嘎南巴嘉（ᜭ ཀུན་དགའ་རྣམ་པར་རྒྱལ།，遍喜尊勝），智慧已達徹底究竟——殿錦桑播（ᜭ བསྟན་འཛིན་བཟང་པོ།，持教賢者），向三位賢正的導師恭敬祈請！

第八頌

|མཁས་ཤིང་གྲུབ་བརྙེས་ངག་དབང་ལྷུན་གྲུབ་དང་། །ཀུན་གཟིགས་ཆོས་ཀྱི་ཉི་མ་མོར་ཆེན་རྗེ། །དམ་པ་རྒྱ་མཚོའི་འབྱུང་གནས་གནས་གསར་བ། །མཚུངས་མེད་བླ་མ་གསུམ་ལ་གསོལ་བ་འདེབས།

譯音：khae shing grub nye ngag wang lhun grub dang, kun zig choe kyi nyi ma mor chen je, tam pa gya tshoi jyung nae nae sar wa, tshung mey la ma sum la sol wa deb.

凱興 祝涅 昂旺 倫祝當，棍息 卻記 尼瑪 莫千傑，坦巴 嘉措 炯內 內薩瓦，聰美 喇嘛 頌拉 索瓦喋

譯意：智成就榮膺昂旺倫祝，普照法之太陽莫千傑，教導大海源處內薩瓦，無比上師三尊敬祈請！

榮膺、證德智者與成就——強巴昂旺倫祝（ᜭ བྱམས་པ་ངག་དབང་ལྷུན་གྲུབ།，慈氏語自在任運成就，1633－1703），普遍觀照眾生有如佛法之太陽——莫千傑（ᜭ མོར་ཆེན་རྗེ།，1654－1726），教導、傳授的大海源頭——內薩瓦（ᜭ གནས་གསར་བ།，新處者，1704－1760），向無比的三位上師恭敬祈請！

第九頌

།སྙིགས་དུས་བསྟན་པའི་སྲོག་ཤིང་ཀུན་བློའི་ཞབས། །རྗེ་བཙུན་འཆི་མེད་བསྟན་པའི་ཉི་མ་དང་། །འཇམ་དཔལ་
གཞོན་ནུ་རྡོ་རྗེ་རིན་ཆེན་ཏེ། །སྐྱེ་དགུའི་འདྲེན་མཆོག་གསུམ་ལ་གསོལ་བ་འདེབས།

譯音：nyig due tan pai srog shing kun loi zhab, je tsun chi mey tan pai nyi
ma dang, jam pal zhon nu dorje rin chen te, kye gui dren chog sum la sol wa
deb.

逆杜 殿貝 索興 棍洛霞，傑尊 祺美 殿貝 尼瑪當，蔣巴 雄奴 多傑 仁千
喋，皆股 珍秋 頌拉 索瓦喋

譯意：濁世聖教命柱棍羅尊，傑尊祺美殿貝尼瑪與，妙吉祥孺童多傑仁
千，九生勝引三尊敬祈請！

五濁惡世時神聖佛教的中心砥柱「棍洛」[148]（ॐ ཀུན་བློ།），傑尊祺美殿
貝尼瑪（ॐ རྗེ་བཙུན་འཆི་མེད་བསྟན་པའི་ཉི་མ།，傑尊無死・聖教太陽），文殊青年
孺童——多傑仁千[149]（ॐ རྡོ་རྗེ་རིན་ཆེན།），向殊勝引導眾生的三位導師恭敬祈
請！

※以下可視個人所受《離四貪戀》修心法要之主要師承，接續合宜之
傳承祖師祈請文補篇。

---

148 棍洛：第三十一任薩迦法王 薩千・貢嘎羅卓（ॐ ས་ཆེན་ཀུན་དགའ་བློ་གྲོས།，大薩迦・遍喜智
   慧，1729－1783）之簡稱。

149 多傑仁千：第三十四任薩迦法王 昆敦・拿旺多傑仁千（ॐ འཁོན་སྟོན་ངག་དབང་རྡོ་རྗེ་རིན་ཆེན།，昆
   祖・語自在金剛珍寶，1819－1867）之簡稱。

第三部分 上師傳承之近代增補（僅一頌）：

此處可接續任何合宜之《離四貪戀》上師傳承祈請文的近代增補。在此所列之第十頌，為近代較通行的一頌補篇。

第十頌

|འཇམ་དཔལ་དབྱངས་དངོས་མཁྱེན་བརྩེ་དབང་པོ་དང་། །རྒྱུད་སྡེའི་མངའ་བདག་བློ་གཏེར་དབང་པོའི་ཞབས། །རིགས་ཀུན་ཁྱབ་བདག་གཞན་ཕན་སྙིང་པོ་སྟེ། །འཁོར་ལོའི་མགོན་པོ་གསུམ་ལ་གསོལ་བ་འདེབས།

譯音：jam pal yang ngoe khyen tse wang po dang, gyue dei ngah dag lo ter wang poi zhab, rig kun khyab dag zhan phan nying po te, khor loi gon po sum la sol wa deb.

蔣巴 揚哦 謙哲 旺播當，絕喋 昂達 洛喋 旺播霞，哩棍 洽達 顯遍 寧播喋，闊洛 鞏播 頌拉 索瓦喋

譯意：真實文殊欽哲旺播與，續部君主洛喋旺播尊，一切部主顯遍寧播等，金輪怙主三尊敬祈請！

真實文殊菩薩化身——第一世宗薩欽哲仁波切 蔣揚欽哲旺播（༌ འཇམ་དབྱངས་མཁྱེན་བརྩེ་དབང་པོ，文殊智悲權王，1820－1892），總集續部之君主——洛喋旺播（༌ བློ་གཏེར་དབང་པོ，慧藏權王，1847－1914），一切部主（金剛總持）——顯遍寧播（༌ གཞན་ཕན་སྙིང་པོ，利他心要，1876－1953），向三位大轉法輪的眾生依怙主恭敬祈請！

※最後可視個人所受《離四貪戀》修心法要之直接師承，接續合宜之傳法上師盛名；例如當代 薩迦法王，或薩迦派各傳法上師。

第四部分 《離四貪戀》總結口訣一（共四頌）：對應根本頌偈

第十一頌

།དཔལ་ལྡན་བླ་མའི་ཚོགས་ལ་གསོལ་འདེབས་ཀྱིས། །མྱུར་མགྱོགས་ཐུགས་རྗེའི་སྤྱན་གྱིས་ལེགས་གཟིགས་ནས། །ཕུང་ཁྲོལ་གཞིར་གྱུར་ཚེ་འདིའི་སྣང་བ་ལ། །ཞེན་པ་གཏིང་ནས་ལོག་པར་བྱིན་གྱིས་རློབས།

譯音：pal dan la mai tshog la sol deb kyi, myur gyog thug jei jyen gyi leg zig nae, phung khrol zhir gyur tshe dii nang wa la, zhen pa ting nae log par chyin gyi lob.

　　巴殿 喇美 措拉 索喋記，謬就 突傑 間記 雷息內，彭綽 息局 切迪 囊瓦拉，顯巴 丁內 洛巴 欽記洛

譯意：具德上師匯聚祈請之，迅速悲心之眼善照見；了知蘊基所化此生顯，貪戀深處邪妄祈加持！

　　向一切具德上師之匯集總聚恭敬祈請，請上師以悲心之眼迅速地善加觀照；祈請我等了知人身為五蘊之根基所變化而暫時顯現此生，祈請加持我等從貪戀深處的顛倒邪妄中遠離！

　　此頌之後半頌（第三、四句）以下至第十二頌之前半頌（第一、二句）等共四句，為總結《離四貪戀》根本四句頌偈[150]之第一句【若貪戀此生 非行者】。……

---

150 《離四貪戀》根本四句頌偈：參閱本章之「藏漢對譯實修儀軌一：《離四貪戀》根本頌偈」。

第十二頌

།ཆུང་ཟད་ཙམ་ཡང་བདེ་བའི་སྐབས་མེད་ཅིང་། །བཟོད་དཀའི་སྡུག་བསྔལ་ཤིན་ཏུ་མི་བཟད་པས། །རྒྱུན་དུ་གདུང་ བྱེད་ཁམས་གསུམ་འཁོར་བ་ལས། །ངེས་འབྱུང་དྲག་པོ་སྐྱེ་བར་བྱིན་གྱིས་རློབས།

譯音：jung zey tsam yang de wai kab mey jing, zoe kai dug ngal shin tu mi zae pae, gyun du dung jye kham sum khor wa ley, nge jyung drag po kye war chyin gyi lob.

宗些 讚揚 喋威 嘎美經，雖改 杜昂 信度 米些貝，君杜 冬皆 堪頌 闊瓦 列，內炯 札播 皆瓦 欽記洛

譯意：稍微僅有之樂無時機，難忍苦厄極甚無漸佳；相續惱熱日三界輪迴，厭離猛烈生起祈加持！

　　此生中，僅僅稍微存有的歡樂時光並無太多時機，而難以忍受的種種苦厄都是很難漸入佳境、轉危為安的。相繼延續不斷有如烈日的煩惱熱就是三界的輪迴，祈請加持生起迅猛強烈的厭惡、離開輪迴之心！

　　此頌之後半頌（第三、四句），為總結《離四貪戀》根本四句頌偈之第二句【貪戀輪迴 無出離心】。

第十三頌

།སྲས་བཅས་རྒྱལ་བའི་བགྲོད་པ་གཅིག་པའི་ལམ། །བདག་གཞན་མཉམ་དང་བརྗེ་བའི་བྱང་ཆུབ་སེམས། །མ་གྱུར་ འགྲོ་བའི་དོན་དུ་ལེགས་བསྒོམས་ནས། །རང་དོན་ཡིད་བྱེད་བྲལ་བ་བྱིན་གྱིས་རློབས།

譯音：sre je gyal wai jroe pa jig pai lam, dag zhan nyam dang je wai chyang chub sem, ma gyur jro wai don du leg gom nae, rang don yie jye jral wa chyin gyi lob.

些皆 嘉瓦 追巴 紀貝蘭，達顯 娘當 皆威 強秋森，馬局 卓威 敦杜 雷羋 內，讓敦 耶借 岔瓦 欽記洛

譯意：諸子佛所曾行一道路，自他平等互換菩提心，母化眾生利益善觀修，自利造作捨離祈加持！

　　諸偕侍佛子（菩薩）所曾經行走過的一條相同的成佛道路，自我與他人皆平等無別、互相交換的菩提心，所有的眾生皆曾經投生作我們的母親，故為了眾生的利益而須善加觀修，祈請加持捨離造作自己的利益！

　　此頌為總結《離四貪戀》根本四句頌偈之第三句【貪戀己利 失菩提心】。

第十四頌

ཆོས་ཀུན་གདོད་ནས་རྨི་ལམ་སྒྱུ་མ་ལྟར། །སྣང་ཡང་བདེན་མེད་སྟོང་པར་ཐག་ཆོད་ནས། །ཕྱོགས་འཛིན་ཀུན་བྲལ་ཟུང་འཇུག་དབུ་མའི་ལམ། །ཡང་དག་རྒྱུད་ལ་སྐྱེ་བར་བྱིན་གྱིས་རློབས། །འབྲས་བུའི་ཁ་སྐོང་ངོ༌།

譯音：choe kun doe nae mi lam gyu ma tar, nang yang den mey tong par thag choe nae, phyog dzin kun jral zung jug wu mai lam, yang dag gyue la kye war chyin gyi lob.

　　卻棍 堆內 米蘭 處瑪大，囊揚 殿美 東巴 踏缺內，秋錦 棍岔 松助 屋美蘭，揚達 覺拉 皆瓦 欽記洛 （果之補遺者）

譯意：萬法本初始如夢幻術，顯現非真為空確定斷，偏執遍離雙運中觀道，真實相續生起祈加持！

　　宇宙萬法本來初始猶如夢、幻術，暫時表象顯現出，非真實有，為空，應當確定而斷絕執著，所有偏執遍盡捨離，現空雙運於中觀之道路，祈請加持相繼延續不斷地生起清淨之真實！

　　此頌為總結《離四貪戀》根本四句頌偈之第四句【耽著生起 非正見】。

　　（以上第四部分，即：第十一至第十四頌，共四首頌偈稱作「果」之補遺）

第五部分 《離四貪戀》總結口訣之二（僅一頌）：對應實修口訣頌偈

第十五頌

དེ་ལྟར་བསྒོམས་པས་བློ་སེམས་ཆོས་འགྲོ་ཞིང་། །ཆོས་ཀུན་ལམ་འགྲོ་ལམ་གྱི་འཁྲུལ་པ་ཀུན། །སོ་སོར་སེལ་ནས་འཁྲུལ་སྣང་སངས་རྒྱས་ཀྱི། །ཡེ་ཤེས་ཆེན་པོར་འཆར་བར་བྱིན་གྱིས་རློབས།

譯音：de tar gom pae lo sem choe jro zhing, choe kun lam jro lam gyi khrul pa kun, so sor sel nae khrul nang sang gyae kyi, ye shey chen por char war chyin gyi lob.

喋大 鞏貝 洛森 卻卓興，卻棍 蘭卓 蘭記 觸巴棍，索索 謝內 觸囊 桑傑記，耶謝 千播 恰瓦 欽記洛

譯意：如是觀修慧心入於法，遍法入道道之錯迷亂，各皆滅除幻象正覺之，廣大智慧升起祈加持！

於斷句上，此頌應作：「如是觀修慧心入於法；遍法入道；道之錯迷亂，各皆滅除；幻象正覺之，廣大智慧升起祈加持！」意即：像這樣觀修，使自己的智慧心進入佛法之中；遍盡萬法，皆入於佛法道路；道路上的各個錯亂、迷亂，都已消滅驅除；因而祈請加持將幻象轉變、升起為正等正覺（佛）的廣大智慧！

如前文所述，「如是觀修慧心入於法」，意即觀修自己的智慧之心，皆入於佛法。相對於放任世俗染汙之心流轉於世間八法；在此應將此智慧之心，入於正信佛法的修持上。此句對應《離四貪戀》實修口訣頌偈[151]第二頌的第一句「自心趣入佛法祈加持」。

---

151 《離四貪戀》實修口訣頌偈：參閱本章之「藏漢對譯實修儀軌二：《離四貪戀》實修口訣頌偈」。

「遍法入道；道之錯迷亂」的前半句「遍法入道」，意為遍盡所有萬法，皆入佛法的道路。為對應《離四貪戀》實修口訣頌偈第二頌的第二句「圓成正法道路祈加持」。

上句的後半句「道之錯迷亂」接續下句「各皆滅除」，意為法道上的所有錯誤、迷亂，各各皆已被消滅驅除。為對應《離四貪戀》實修口訣頌偈第二頌的第三句「道上幻惑平息祈加持」。

「幻象正覺之，廣大智慧升起祈加持！」意即祈請加持將幻象升起為正等正覺（佛）的廣大智慧！此為對應《離四貪戀》實修口訣頌偈第二頌的第四句「迅速獲得智慧祈加持」。

篇末提記：

原文小注

譯意：（有道：此乃《離四貪戀》教導之上師傳承祈請文詞句，為釋迦比丘 貢嘎桑播造於吉祥薩迦。薩瓦 芒嘎浪！）

以上內容所述，此為《離四貪戀》教導的上師傳承祈請文詞句，為薩迦哦支派創派宗師——釋迦牟尼佛所傳聖教的出家比丘 哦千・貢嘎桑播（ᠣᠷᠠᠴᠡᠨᠭᠦᠨᠳᠠᠪᠽᠠᠩᠫᠣ，大哦巴・遍喜賢者，1382－1456）造於吉祥薩迦寺。

印度梵文之篇末吉祥語「薩瓦 芒嘎浪！」（sarwa manga-lam），意即：一切吉祥！

此處指本篇《離四貪戀》上師傳承祈請文原文，除「第二部分 上師傳承之補篇（共五頌）」、「第三部分 上師傳承之近代增補（僅一頌）」等二處之外，皆為 哦千・貢嘎桑播所造。

◎附錄：《離四貪戀》的相關研究概況

一、國內外現有研究成果、方法

　　自上世紀80年代新加坡薩迦弘教法林(Sakya Temphel Ling)於1982年出版了A Collection on Instructions Parting From the Four Attachments[152]一書後，《離四貪戀》（又譯：遠離四種執著）修心法要首度以集結各版本釋論的英譯本方式問世，此書內容包含了原頌、薩迦派四位祖師所造釋論，以及此論的歷代傳承上師祈請文，其中亦包含了薩迦三祖——傑尊‧札巴嘉稱所造的《傑尊‧札巴嘉稱造：離四貪戀》。至1986年台灣台北的孫一居士將此文本英譯成華文，並由許多佛教信徒在台北以善書印贈的方式印製了《遠離四種執著修心法集解》一書，提供免費索取，至此方有中文本流通於台灣，以及新加坡、馬來西亞等東南亞華人地區，然而在此期間仍無溯及藏文原典的完整藏漢直譯版本問世。

　　於國外現有研究成果方面，新加坡薩迦弘教法林與美國紐約的雪獅出版社(Snow Lion Publications)有少量關於此釋論的出版物。在文獻的保存上，如紐約的藏傳佛教資源中心(Tibetan Buddhist Resource Center)歷來多採用廣泛搜羅藏文木刻版或重新輸入電子版本藏文文獻的文獻保存為主，較少進行翻譯或譯注。

　　此後國內外對於《離四貪戀》修心法要或在電子網路媒體中陸續出現有零星的譯文，但僅止於以英譯或演講紀錄的方式呈現。近年漢語學界雖有將此釋論文本直接由藏譯漢的出版物，例如由堪布澤仁紮西中譯的《大

---

152 中譯本名稱：《遠離四種執著修心法集解》，孫一居士譯，台北：1986年3月初版，1999年1月重印。

乘禪修引導文——遠離四種執著》[153]一書。此中譯本為已故薩迦派經師——堪千‧阿貝仁波切（1927－2010）闡釋《離四貪戀》修心法要之釋論。該書的問世在漢語學界中為薩迦派《離四貪戀》修心法要（書中漢譯為「遠離四種執著」）的介紹與詮釋獻出了極大的貢獻，筆者從中受益良多。但在表現方法的呈現上，該書內容對此篇釋論的處理方式僅為直譯後的漢文，並無藏漢對譯與加以解釋，且在原典的頌偈句數與字數上並不著重於譯成對等相同的譯文。故至今對薩迦派主要思想《離四貪戀》學說的研究，尤其對本文主要的研究對象：「《傑尊‧札巴嘉稱造：離四貪戀》釋論」的研究成果，於華文著作中多數仍以英譯或演講紀錄的方式呈現，仍無溯及藏文原典的完整藏漢直譯版本問世。

以下列舉8種目前可知與注釋《離四貪戀》相關的中英文版本出版物，分：中文譯著、英文專著、英文譯著等三類。並附各出版物中對於「《傑尊‧札巴嘉稱造：離四貪戀》釋論」（以下簡稱《傑》）的研究篇幅與所占全書頁數情況的比較：

（一）中文譯著

[中譯著1]　薩千貢噶寧波,傑森達巴嘉晨,薩迦班智達貢噶嘉晨等：《遠離四種執著修心法集解》中譯本(Jetsun Dakpa Gyaltshen, A Collection on Instructions Parting From the Four Attachments, Chinese Version)，孫一居士譯，台北：1986年3月初版，1999年1月重印。——全書共73頁；《傑》第7－14頁，共占8頁數。

[中譯著2]　究給‧企千仁波切：善知識18　《遠離四種執著》，周銘賢譯，台北：橡樹林文化出版社，　2004年。——全書共261頁。全書內容為對

---

153 堪千‧阿貝仁波切：《大乘禪修引導文——遠離四種執著》(ཨ། ཐེག་པ་ཆེན་པོའི་སྒོམ་ཁྲིད་བཞུགས་སོ།/ theg pa chen po'i sgom khrid bzhugs so/)，堪布澤仁紮西中譯，2014年，第16－19頁，《遠離四種執著》之口訣。

《傑》英譯中之中文譯本。

　　[中譯著3] 堪千阿貝仁波切講述：善知識56《到達心靈的彼岸》，般全仁波切編譯，台北：橡樹林文化出版社，2009年。——全書共188頁。全書內容無《傑》。

　　[中譯著4] 薩迦法王：善知識94《追求幸福的開始》，江涵芠　譯，台北：橡樹林文化出版社，2014年。——全書共243頁；《傑》第183－198頁，共占15頁數。

　　[中譯著5] 堪千阿貝仁波切：《大乘禪修引導文——遠離四種執著》，堪布澤仁紮西中譯，2014年。——全書共209頁；《傑》第16－19頁，共占4頁數。

（二）英文專著

　　[英專著1] His Holiness Sakya Trizin, Parting from the Four Attachments, Italy：Shang Shung Publications, 2011. ——全書共45頁。全書內容無《傑》。

（三）英文譯著

　　[英譯著1] Chogye Trichen Rinpoche: Parting from the Four Attachments, Jetsun Drakpa Gyaltsen's Song of Experience on Mind Training and the View, Commentary translated by Thubten Choedak, New York：Snow Lion Publications, 2003. ——全書共182頁。全書內容為對《傑》藏譯英之英文譯本。

　　[英譯著2] Jetsun Dakpa Gyaltshen: A Collection on Instructions Parting From the Four Attachments, H. H. Sakya Trizin and Ngawang Samten Chopel（Jay Goldberg）, Singapore, Sakya Temphel Ling, 1982. ——全書共188頁。全

書內容為對《傑》藏譯英之英文譯本。

0.1 國內外關於《離四貪戀》的中英文版本出版物與
《傑尊・札巴嘉稱造：離四貪戀》（以下簡稱《傑》）所占篇幅的概況比較表

版本類型	順序	全書頁數	《傑》所占位置	《傑》所占頁數	有無《傑》之情況
（一）中文譯著	[中譯著1]	共73頁	第7－14頁	共占8頁	有
	[中譯著2]	共261頁	全書	全書	全書
	[中譯著3]	共188頁	無	無	無
	[中譯著4]	共243頁	第183－198頁	共占15頁	有
	[中譯著5]	共209頁	第16－19頁	共占4頁	有
（二）英文專著	[英專著1]	共45頁	無	無	無
（三）英文譯著	[英譯著1]	共182頁	全書	全書	全書
	[英譯著2]	共188頁	全書	全書	全書

　　而在上列數種與注釋《離四貪戀》相關的中英文版本出版物中，關於《傑尊・札巴嘉稱造：離四貪戀》釋論的研究情況，僅（三）英文譯著：[英譯著1]、[英譯著2]等二本英文譯本，以及將英文本[英譯著1]直接翻譯為中文本的[中譯著2]：善知識18《遠離四種執著》一書等，為此釋論的直接譯本。除此三部書籍屬於針對此釋論的中英文譯本之外，上列其他文本對此釋論的研究，在篇幅上，僅各占該書中的數頁或毫無涉及；且於少量篇幅上的處理方式僅為簡略的直譯，對此《傑尊・札巴嘉稱造：離四貪戀》釋論的內容並無再加注解或研究。

　　故由上可知，國內外對《離四貪戀》修心法要的研究概況上，目前僅止於由藏譯英，或再由英翻中的間接方式做呈現或出版成書籍，於漢語學界中，就目前可知，尚缺乏同時羅列漢藏二種文字的藏漢直接對譯並再加

進行分析或比較研究的版本問世。

二、本書所採用的藏文版本

本書所依據之主要原典為藏文本之《傑尊・札巴嘉稱造：離四貪戀》釋論，尤其於第四章中更對此釋論詳加做翻譯、解釋與論述。而薩迦三祖——傑尊・札巴嘉稱所造的這篇釋論，於現今存世的藏文原典大致上有：1949年以前的西藏傳統木刻油印版、1949年以後對西藏傳統木刻油印版加以複印的複印版，以及採西式現代書籍裝訂的數位輸入新校版等諸多版本。

本文所採用的藏文版本屬藏文古籍刻本（西藏傳統木刻油印版）的複印本，出自：1971年印度德里版《續部總集》第23函（ཨོཾ༎ རྒྱུད་སྡེ་ཀུན་བཏུས། སྨྲེགས་བམ། ༢） ，RGYUD SDE KUN BTUS, TEXT EXPLAINING THE SIGNIFICANCE, TECHNIQUES, AND INITIATIONS OF A COLLECTION OF ONE HUNDRED AND THIRTY TWO MANDALAS OF THE SA－SKYA－PA TRADITION, Volume XXIII, Volume 23 'Va' ，蔣揚洛喋旺播 編（འཇམ་དབྱངས་བློ་གཏེར་དབང་པོ/ 'jam dbyangs blo gter dwang po/, 1847－1914），《修心離四貪戀法類》，印度 德里（Delhi）：N. Lungtok & N. Gyaltsan出版發行，1971－1972年出版，美國紐約藏傳佛教資源中心（Tibetan Buddhist Resource Center, New York, USA）掃描，第481－536頁。

於此《續部總集》所收錄的：《修心離四貪戀法類》（ཨོཾ༎ བློ་སྦྱོང་ཞེན་པ་བཞི་བྲལ་གྱི་སྐོར་བཞུགས་སོ༎ ༎ /blo sbyong zhen pa bzhi bral gyi skor bzhugs so//）中，造論者札巴嘉稱所造的釋論——《傑尊・札巴嘉稱造：離四貪戀》（རྗ ༎རྗེ་བཙུན་གྲགས་པ་རྒྱལ་མཚན་གྱིས་མཛད་པའི་ཞེན་པ་བཞི་བྲལ་བཞུགས་སོ/ //rje btsun grags pa rgyal mtshan gyis mdzad pa'i zhen pa bzhi bral bzhugs so/）即收錄於該函的第482－486頁。

三、本書所採用的藏文版本與其他藏文版本之概略比較

本書第五章「《傑尊‧札巴嘉稱造：離四貪戀》教誡之譯注」內容，為將藏文原典全文漢譯，隨原典並附對照轉音；於譯文後再以注解闡釋的解讀方式，依循薩迦教派的思想路徑，以梳理出薩迦派主要思想與《離四貪戀》思想理論的並行道路與核心價值。

據筆者目前所見，現有《傑尊‧札巴嘉稱造：離四貪戀》釋論版本的藏文資料共計有七種。除上文所述「本文所採用的藏文版本」」（摘自《續部總集》第23函）之外，其餘六種版本試列舉如下：

版本一：藏文古籍刻本1736年德格版《薩迦五祖文集》卷9（DPAL LDAN SA SKYA PA'I BKA' 'BOM, The Collected Works of the Founding Masters of Sa－skya, Volume 9 'Ta'）《札巴嘉稱文集‧離四貪戀教誡》（གྲགས་པ་རྒྱལ་མཚན་གྱི་བཀའ་འབུམ། ཞེན་པ་བཞི་བྲལ་གྱི་གདམས་པ་བཞུགས་སོ། །），《離四貪戀教誡二種》（ཞེན་པ་བཞི་བྲལ་གྱི་གདམས་པ་གཉིས།），印度 新德里（New Delhi）：薩迦中心（SAKYA CENTER），1993年影印本，第9冊，第594－598頁。

版本二：《藏傳佛教修心百則》（ༀ།། བྱང་ཆུབ་སེམས་སྦྱོང་གི་གདམས་པ་བློ་སྦྱོང་བརྒྱ་ཚ་ཞེས་བྱ་བ་བཞུགས་སོ།།），洽日‧嘎藏陀美 整理，蘭州：甘肅民族出版社，2006年6月，第399－402頁。

版本三：先哲遺書（十四）《薩迦五祖全集對勘本（12/15）》（ༀ།། ས་སྐྱ་གོང་མ་རྣམ་ལྔའི་གསུང་འབུམ་དཔེ་བསྡུར་མ་ལས་གྲགས་པ་རྒྱལ་མཚན་གྱི་གསུང་པོད་ལྔ་པ་བཞུགས།），札巴嘉稱　著，百慈藏文古籍研究室編輯整理，北京：中國藏學出版社，2007年4月，第331－335頁。

版本四：《薩迦派念誦及儀軌經集》　（ༀ།།　དཔལ་ལྡན་ས་སྐྱ་པའི་ཕྱགས་ཀྱི་ཞལ་འདོན་ཕྱོགས་བསྒྲིགས་དགོས་པ་ཀུན་ཚང་བཞུགས་སོ།།），諾章吳堅 彙編，拉薩：西藏人民出

版社，1997年8月（2009年2月重印），第325－329頁。

版本五：《薩迦派頌詞彙編》上冊(ༀ།། ས་སྐྱ་པའི་ཚིགས་སྒྲུང་ཕྱོགས་བསྒྲིགས། སྟོད་ཆ།)，中國藏語系高級佛學院藏傳佛教研究室整理，甘肅：民族出版社，1998年11月，第306－312頁。

版本六：藏文電子新輸入本《修心離四貪戀法類》(ༀ།། བློ་སྦྱོང་ཞེན་པ་བཞི་བྲལ་གྱི་སྐོར་བཞུགས་སོ།།)影印本，印度：總巴寺，第3－9頁。

上列各種異本中，尤以收錄版本三：先哲遺書（十四）《薩迦五祖全集對勘本（12/15）》的藏文版「先哲遺書《薩迦五祖全集對勘本》叢書」中，更特別為了比較《薩迦文集》(༈ ས་སྐྱ་བཀའ་འབུམ། sa skya bka' 'bum/，即《薩迦五祖全集》之簡稱）各版本中詞句的增缺，而特別編列了一冊藏文版的《薩迦文集版本較量目錄》[154]。此西式裝訂版本的單冊目錄共計185頁，其編列目的，為經過詳細比對各版本間詞句與單詞上的增缺之後而增設此單本目錄小冊，以說明全部對勘本叢書中的凡例，極為詳盡，於校勘上甚為著力。例如該目錄中關於分析、比較各符號意義的一處章節——「第三、較量比較剖析符號之名義」(གསུམ་པ་བསྡུར་བྱ་སྡྱར་བྱེད་འབྱེད་པའི་རྟགས་ཀྱི་མཚན་དོན་ནི། gsum pa bsdur bya sdyr byed 'byed pa'i rtags kyi mtshan don ni/)[155]中，例舉了（《》）、：、ˋ、＋、－、ˊ ˋ等五種符號的如何沿用、發明創造、使用方法以及表徵涵義等事由及凡例。在運用於版本的校勘上，關於第一種符號（《》），該目錄中增設了（《ན》）及（《ལུ》）的符號，二者各代表「夏魯」(ཞ་ལུ། zha lu/)及「魯蒲」(ལུ་ཕུ། lu phu/)等版本的代稱。

---

154 《薩迦文集版本較量目錄》(ༀ། །ས་སྐྱ་བཀའ་འབུམ་དཔེ་བསྡུར་མའི་དཀར་ཆག་བཞུགས་སོ། །)，中國藏語系高級佛學院藏傳佛教研究室整理，甘肅：民族出版社，1998年11月。

155 同前注《薩迦文集版本較量目錄》中之第75－77頁。

此處相對於藏東康區德格印經院[156]的「德格版」（ཌེ་དགེའི་དཔེ། sde dge'i dpe/）文本來說，「夏魯」即指夏魯派祖師所制定之版本（ཞ་ལུའི་གོང་གི་དཔེ། zha lu gong gi dpe/）；而「魯蒲」則指魯蒲寺所制定之版本（ལུ་ཕུ་དགོན་གྱི་དཔེ། lu phu dgon gyi dpe/）[157]。此二符號皆使用於該叢書的內文中，標記於相關字辭或詞句的第一字母之前。

考其意義，藏傳佛教夏魯派又稱布敦派，為布敦・仁千祝（བུ་སྟོན་རིན་ཆེན་གྲུབ། bus ton rin chen grub/, 1290－1364）所創立，布敦大師於西元1087年在後藏日喀則東南的甲措雄地方創建了夏魯寺，故「夏魯派祖師所制定之版本」當指由布敦大師等夏魯派祖師所集結、制定之「夏魯法類」（ཞ་ལུའི་ཆོས་སྐོར། zha lu'i chos skor/，夏魯派所集結之各法門類別）中的夏魯版《薩迦文集》。此外，西元1464年薩迦派的圖敦・貢噶南嘉（ཐུ་སྟོན་ཀུན་དགའ་རྣམ་རྒྱལ། thu ton kun dga' rnam rgyal/, 1432－1496）於拉薩以南山南地區的貢嘎[158]（གོང་དཀར། gong dkar/，漢語讀音較近「鞏嘎」）地方創建了貢噶多傑殿（གོང་དཀར་རྡོ་རྗེ་གདན། gong dkar rdo rje gdan/）寺院，開創了薩迦派支派之一的總巴派（རྫོང་པ། rdzong pa/），屬於薩迦派「前、後總巴」師承體系中的「後總巴」體系[159]，由於其地、其寺皆名為「貢噶」，故許多漢文本藏傳佛教史籍對此薩迦派的支派多稱之為「貢噶支派」。至於上述之「魯蒲寺」，所指是否為薩迦總巴支派所屬扎塘寺、北興寺、木如寺等數座分寺中位於後藏日喀則地區昂仁縣的「魯布寺」？筆者至目前為止尚未掌握確實的明

---

156 德格更慶寺（སྡེ་དགེ་དགོན་ཆེན། sde dge dgon chen/）。

157 同前注《薩迦文集版本較量目錄》中之第74頁。

158 貢嘎：藏語གོང་དཀར།（gong dkar/），《明史》古譯為「公哥兒寨」，漢語讀音較近「鞏嘎」，其音譯字辭易與另一藏語「貢嘎」ཀུན་དགའ།（kun dra'/，遍喜）相混，但此地名之漢譯今已約定成俗為「貢嘎」。地處今西藏自治區山南地區的雅魯藏布江中游及羊卓雍措湖北岸一帶。

159 吉祥賢居士編著：《珍稀寶庫——薩迦總巴創派宗師 貢嘎南嘉傳》，台北：橡樹林文化，2012年10月，第33頁。

確資料。但從藏傳佛教的宗派關係、法緣體系、寺院地理位置、歷史背景與時代意義等訊息條件來看，則其間某些相近的條件或環境關係等課題，後續可再進一步為此作延伸性的探索或研究。

如同前述所說如何將這些表徵符號運用於版本的校勘，關於該目錄所設的第二種符號：（稱作「上下明點符號」）的運用方法，則再分有二種情況，其作用為當需要比較該叢書內文中相關字辭或詞句的增缺時，則先在相關位置標記一個「：」符號，而後在此符號的後方附記「缺少或增加」的字辭或詞句。第一種情況為若該叢書的內文中，某些字辭或詞句為其他版本內容中所無，則於該叢書內文的適當位置後方標記「：」符號，並於其後附記此段有異議之字辭，隨後標記何種版本的符號，再於符號後面標記「－」符號，以示該版本缺少此處字辭。第二種情況為若該叢書的內文中，某些字辭或詞句與其他版本內容的論點不同，則於該叢書內文的適當位置後方標記「：」符號，並於其後附記此段有異議之字辭，隨後標記何種版本的符號，再於符號後面標記「＋」符號，以示此處字辭與此版本的論點有所差異。

此處所敘述的關於校勘符號的使用實例，可參閱本書第五章之第二節——「甲三、正文」的「乙一、【若貪戀此生 非行者】」之「丁三、禪修」所述之原典相關詞句中，在《薩迦五祖全集對勘本》的表現方式裡即有此精緻細微的符號使用。

譯注者後跋

　　透過閱讀本書對《傑尊・札巴嘉稱造：離四貪戀》釋論的譯注與相關研究，以期能認識到公元十二至十三世紀間後藏薩迦地方藏文古籍原典的哲學思想，並更進一步理解當時藏語語言文化背後多層次、多面向的豐富文化意涵。故在此期望，經由本書對此釋論的直接藏漢對譯、注解（或可說是對《離四貪戀》修心法要的再次介紹）所呈現的原創性藏漢對譯譯本，能對有興趣認識藏傳佛教薩迦派修心次第的讀者提供些許幫助；至少希望能對漢語學界領域中研究《傑尊・札巴嘉稱造：離四貪戀》釋論文本之課題範圍，提供些微的參考資料。

　　對於藏文原典：《傑尊・札巴嘉稱造：離四貪戀》釋論的相關研究成果，或許無法在本書中發揮至圓滿透澈，後續在時間上若稍顯寬裕，願能再接續此相關之研究課題，使之更加完善。由於筆者個人的能力有限，或礙於篇幅限制及知識水準上的鄙陋，本書中尚有許多未盡之處與錯漏缺失，還望藏漢語學界諸孚眾望之前輩大德們能對本書不足與錯謬之處，不吝加以點撥指正、指導批評，以及寬恕包容。

　　值此本書付梓出版之際，特別感懷已故恩師、五明大學者──第六世塔立巴祿仁波切（ཁྲ་རིགས་དཔལ་སྒྲོ་རྗེ་རྗེ་འཆང་ 1923－1998），於往昔對筆者如慈父般的言教與身教，至今仍不忘其德澤化機，歷歷在目。同時並感謝已故塔立寺老堪布　殿錦拉（མཁན་པོ་བསྟན་འཛིན་ལགས། －2007），在佛教哲學思想上對筆者的悉心指導。於今，尊貴的　薩迦哦巴第七十六任座主──夏千・祿頂堪千仁波切於周遊世界弘法利生的百忙之中仍為敝人在下的【吉祥賢譯注書系】恩賜總序文，筆者在此恭謹致上最深切感恩之心；亦感謝台北天母祿頂堪仁波切道場中心住持貢嘎仁千喇嘛的辛勞協助。並感謝青海省

玉樹州上拉秀鄉塔立寺（ཁྲ་ཞིགས་དགོན་པ།，又譯：查榮寺、查柔寺）的堪布緬拉（མཁན་པོ་སྨྲ་བ།），惠賜予筆者相關的薩迦派修心法要藏文原典。

在藏學研究、宗教哲學、學術研究方法等治學方面，首要感謝班班多杰先生以及孫悟湖先生在藏傳佛教相關領域上的專業指導與建議。並感謝台北城邦文化出版集團執行長何飛鵬先生、商周出版總經理彭之琬女士的大力協助。此外誠摯感謝：初征先生、夏明先生、李海玲女士以及平養居林金春先生伉儷等，熱心提供並授權諸多相關的珍貴文物圖片。關於本書的付梓成書，主要需特別感謝曹紫恬女士對本書（繁體字版）的鼎力護持，以及婁琴女士等諸多大德的慷慨護持。感謝敝人法道上的法友：國立雲林科技大學視覺傳達設計系所教授林泰州導演、廖錦慧師姐等法友們的熱心護持；Dawa Dolma、Judy、呂文珊等師姐的照片提供及圖片修飾；並感謝郭懷聲先生伉儷多年來在各種軟硬體及藏文字型技術方面的協助，以及在藏文輸入、漢語文稿校對上的心力付出。

從佛教菩提行的四種佈施（財施、慈施、無畏施、法施）概念來說，法施為佈施第一，如若注解微妙正法等佛教典籍能助人閱讀領受，即為法施，有大功德。從大乘佛教「捨己利他、自他兩利」的宏大哲學思想與道德精神來說，若注解此原典文本《傑尊‧札巴嘉稱造：離四貪戀》釋論有若干的纖毫功德，在此悉願毫無保留地迴向給諸正信佛教的上師等善知識，能長久住世，長傳佛法；以及迴向給三界如母親般具足大恩德的所有眾生。反之，本書之譯注內容若有任何絲毫誤失，則皆為筆者一人之過。

有道：願眾生皆離苦得樂。依大乘菩薩之發心，在世俗上，我們虔心迴向願眾生獲得解脫，登至彼岸；但於勝義上，可謂有苦可離？有樂可得？有輪迴可解脫？有涅槃可證悟？以人類有限的語言文字，難能言表，如人飲水……

願 自他圓滿，共證菩提！

吉祥賢 居士

國家圖書館出版品預行編目 (CIP) 資料

薩迦修心道歌：薩迦派修心法要《離四貪戀》之禪修
　次第 / 尊‧札巴嘉稱 原著；吉祥賢居士 譯注. --
初版. -- 臺北市：商周出版：家庭傳媒城邦分公司
發行, 2019.1
　　面；　公分
　ISBN 978-986-477-607-8（平裝）

1. 藏傳佛教 2. 佛教修持

226.96625　　　　　　　　　　　　　107023637

薩迦修心道歌：薩迦派修心法要《離四貪戀》之禪修次第

原　　　著　傑尊‧札巴嘉稱
譯　　　注　吉祥賢居士
責 任 編 輯　徐藍萍

版　　　權　黃淑敏、翁靜如
行 銷 業 務　王瑜、闕睿甫
總 編 輯　徐藍萍
總 經 理　彭之琬
發 行 人　何飛鵬
法 律 顧 問　元禾法律事務所 王子文律師
出　　　版　商周出版　台北市 104 民生東路二段 141 號 9 樓
　　　　　　電話：(02) 25007008　傳真：(02)25007759
　　　　　　E-mail：ct-bwp@cite.com.tw　Blog：http://bwp25007008.pixnet.net/blog
發　　　行　英屬蓋曼群島商家庭傳媒股份有限公司城邦分公司
　　　　　　台北市中山區民生東路二段 141 號 2 樓
　　　　　　書虫客服務專線：02-25007718　02-25007719
　　　　　　24 小時傳真服務：02-25001990　02-25001991
　　　　　　服務時間：週一至週五 9:30-12:00　13:30-17:00
　　　　　　劃撥帳號：19863813　戶名：書虫股份有限公司
　　　　　　讀者服務信箱 E-mail：service@readingclub.com.tw
香港發行所　城邦（香港）出版集團有限公司　香港灣仔駱克道 193 號東超商業中心 1 樓
　　　　　　E-mail：hkcite@biznetvigator.com　電話：(852)25086231　傳真：(852)25789337
馬新發行所　城邦（馬新）出版集團 Cite (M) Sdn Bhd
　　　　　　41, Jalan Radin Anum, Bandar Baru Sri Petaling, 57000 Kuala Lumpur, Malaysia.
　　　　　　Tel: (603) 90578822　Fax: (603) 90576622　Email: cite@cite.com.my

封 面 設 計　張燕儀
印　　　刷　卡樂彩色製版印刷有限公司
總 經 銷　聯合發行股份有限公司　新北市 231 新店區寶橋路 235 巷 6 弄 6 號 2 樓
　　　　　　電話：(02) 2917-8022　傳真：(02) 2911-0053

■2018 年 2 月 19 日初版　　　　　城邦讀書花園　　　　Printed in Taiwan
定價 420 元　　　　　　　　　　　www.cite.com.tw